西安小史丛书

文物精粹

杜文玉 主编

张全民 著

西安出版社

图书在版编目（ＣＩＰ）数据

文物精粹 / 张全民著． -- 西安：西安出版社，2018.1（2021.4重印）
（西安小史丛书）
ISBN 978-7-5541-2963-0

Ⅰ．①文… Ⅱ．①张… Ⅲ．①文物—介绍—西安 Ⅳ．①K872.411

中国版本图书馆CIP数据核字（2018）第023258号

西安小史丛书·文物精粹
XI'AN XIAOSHI CONGSHU · WENWU JINGCUI

主　　编：	杜文玉
著　者：	张全民
统筹策划：	史鹏钊　范婷婷
责任编辑：	张增兰　乔文华
责任校对：	张忝甜　王玉民
装帧设计：	冯　波　梅月兰
出版发行：	西安出版社
地　　址：	西安曲江新区雁南五路1868号影视演艺大厦11层
电　　话：	（029）85253740
邮政编码：	710061
印　　刷：	永清县晔盛亚胶印有限公司
开　　本：	889mm×1194mm　1/24
印　　张：	6.5
字　　数：	97千
版　　次：	2018年1月第1版
印　　次：	2021年4月第2次印刷
书　　号：	ISBN 978-7-5541-2963-0
定　　价：	52.00元

读者购书、书店添货或发现印装质量问题，请与本公司营销部联系、调换。
电话：（029）68206213　68206222

序一

坊间以西安或长安历史为题的著述多矣，为何还要编写并出版这样一本"小史"？这是我在阅读《西安小史》书稿之前心中的一个疑问。可是读完之后，却有了新的认识。

长安作为历史上最具盛名的都城，其特色鲜明，内涵丰富，为世所公认。即便从世界范围看，能够与之媲美的，也不多见。古代长安曾经集中了中国文化的精华，或者说，曾经是中华文化的典型代表。无论是其思想内容，还是其表达形式，皆堪称典范。要理解中国的历史及其同世界其他地区文明的关系，特别是解读中国制度文化的历史，离开了长安这座伟大的城市，恐怕是很难找到正解的。我们完全可以说，在当代中国，地理位置居中、但在感觉上略为偏西的西安，其实是理解中国传统与文化的一把钥匙，从某种意义上说，也是理解当代中国的关键之一。由于这样的历史地位和对于人类文化发展的贡献，有很多人为其著书立说，自是理所当然。

然而，我们能够读到的关于长安或西安历史文化的书籍，还是以严肃的研究类著述居多。这样性质的论著，对于学术研究的进步当然是很好的。可是，如今社会，有很多普通的民众，对中国文化的来龙去脉，以及如何一步步走到今天并不清楚。要回答这样的问题，学者们就应当基于严谨的学术态度，而用通俗易懂的语言，将历史的真实告之世人，从而显著地缩小当代与历史的距离，培育并增进那种本应得到继承，然而事实上却有些淡漠甚至可以说睽违已久的民族历史情感。

在我看来，这正是此谦逊地自名为"小史"，内容却丰富多彩的读物所承载的使命。读完之后，我掩卷而思，甚感作者用心之良苦、匠心之独运。作者是专业人士，学养深厚。有此基础，故全书概念准确，内容丰富，取舍得当，读来令人饶有兴味。一卷在手，费时不多，古长安之历史兴衰及其对于当代的影响，可以有个初步的认识，这一点，是毋庸置疑的。

然而我还要特别指出，本书与许多类似的著述所不同的两个特点。

第一，近代以来，随着社会的变迁，长安文化在许多人看来不过是一种久远的历史存在。当然，国人和世界都不会不注意到古代长安的文化遗存，但注意力更多地停留在物质的或外在的表现方面，长安文化的精神与核心却往往是被忽视的。然而本"小史"却非常重视对内在精神文化的解读，虽笔墨不多，用语也并不佶屈聱牙，然有其深意在焉。我们知道，历史上所有伟大的城市，之所以千古留名，从根本上说，是因其体现了某种足以反映时代特征的伟大思想和精神。我们说起长安，就会情不自禁地联想到汉唐气象，这说明长安具有有别于其他古代城市的特殊精神气质。而其空间格局和建筑的样式等等，只不过是其思想与精神气质的外在表现，是思想与精神气质的物化。这一点，如果本书的读者稍加留意，是一定会注意到的。

　　第二，本书作者在娓娓道来之际，给自己确定了一个相当高的学术品格。这个品格除了以严谨的态度尊重历史事实之外，还体现为其视野和胸怀。我曾在另外一个场合说过，长安学的研究应当遵循一个基本原则，即要有历史起点、当代情怀和世界眼光。所谓世界眼光，是说解读长安或西安的历史，必须要超越今日西安的空间范围。换言之，我们不能坐井观天，而必须换个角度回望自己的历史。舍此，我们其实无法准确地解读长安或西安在中国历史甚至世界历史上的地位与影响。我相信，如果读者明白了这一点，就不会对本"小史"中的某些内容远离关中中部这个相对狭小的地理空间而感到诧异了。

　　总之，这是一套好书，我愿意向各位郑重推荐。我相信借助此书，我们一定能够同作者一起，分享根植于我们灵魂深处的对于西安、对于祖国、对于人类文明的深厚情感。

萧正洪
（中国古都学会会长）
2015 年 7 月 30 日

序二

　　西安古称长安，是我国乃至世界著名的古都，历史文化积淀十分深厚，是各国人民来华旅游必赴的目的地之一。为了弘扬陕西及西安悠久的文化、扩大宣传，西安曲江出版传媒股份有限公司组织专家学者撰写了一套名为《西安小史》的丛书，于2016年初正式出版。这套小丛书由六册书组成，分别是《汉长安城》《隋唐长安城》《西安十三朝》《西安历史名人》《西安文化名人》《汉唐丝绸之路》等，从宏观的角度向广大读者介绍了西安的地理、历史、文化以及以长安为起点的汉唐丝绸之路的情况。丛书涉及了近三千年的历史发展变化情况以及众多的历史人物，其中有许多著名的甚至具有世界影响的人物，反映了不同历史时期西安在文化方面所取得的辉煌成就。这套丛书出版以后，引起了热烈的反响，获得了专家学者以及广大读者的好评。

　　由于西安地区历史文化积淀深厚，一套丛书远远不能反映其历史的全部情况，同时受《西安小史》成功的激励，西安曲江出版传媒股份有限公司遂决定继续扩充这套丛书，仍由我担任主编。这一期《西安小史》每册书反映一个主题，其主要内容如下：

　　《明清西安城》：主要记述了明初西安城的扩建以及明秦王府城的建立、城市内部格局的变迁，如钟楼的移建、鼓楼的兴建、增筑关城，及首次形成门三重、楼三重的严密防御体系；清代对城墙的多次修葺工程，以及对护城河的多次疏浚，满城的修建，军政机构的兴置等。除此之外，还对这一时期西安的水陆交通、园林胜迹、文化教育、宗教信仰、商业贸易、对外交流等方面的情况，都有详尽的描述。

《文物精粹》：由于西安作为中国历史上最为古老亦是建都时间最长的都城，留下了辉煌灿烂的文物珍宝，本册主要选取了其中最有代表性、大都属于国宝级的文物。每件文物作为一个专题，详细地介绍其来历、造型、工艺等，尝试通过文物反映中华民族的悠久历史和灿烂文化，展现了我们祖先高超的手工业制造水平和精湛的工艺技艺，增强民族自豪感。

《寺庙道观》：西安作为我国古代著名的都市，宗教文化十分发达，在历史上有许多世界性的宗教都在这里传播过，除了佛教、道教外，伊斯兰教、火袄教、摩尼教、景教等，都在这里留下了许多遗迹。其中以佛教与道教的遗存最多，对前者而言，西安地区曾是全国的佛教中心，在八大佛教宗派中，六个宗派的祖庭都在西安。至于道教在全国的影响也是很大的，楼观派与全真派都诞生在西安地区，隋唐时期最著名的道观大都集中于西安，曾产生过广泛的影响。其他宗教遗存也很多，如著名的《大秦景教流行中国碑》、大秦寺塔等。本册对这些宗教寺观的起始、沿革、变迁以及建筑特点、所持的宗教理论等，均详细地进行了介绍。

《历史名居》：西安作为十三朝古都，曾经有许多历史名人居住过，留下了不少建筑遗存，即使一些遗迹已荡然无存了，但是其居所的地理标识在今天仍然能够寻找得到。为了追寻这些著名人物的足迹，我们专门策划了这一选题，查阅了大量的历史资料，把历代名居情况作了详细的梳理，并且把围绕这些名居的人物和故事也作了一些介绍。

《历代陵墓》：自周秦汉唐以来，西安地区曾经埋葬了许多帝王将相，有人曾以"东方帝王谷"相称，这些陵墓见证了沧海桑田，也留下了历史的斑斑印记。其中最著名的有黄帝陵、秦始皇陵、汉阳陵、汉茂陵、汉杜陵、唐昭陵、唐乾陵等。此外，还有大量的历史名人墓，如扁鹊墓、白起墓、霍去病墓、董仲舒墓、魏徵墓、上官婉儿墓、郭子仪墓、杨贵妃墓等。即使在两宋、明清时期，西安也有不少名人墓，如寇准墓、张载墓、明秦王墓群、李柏墓、王鼎墓等。本册主要围绕着这些陵墓，对其地理方位、墓葬特点、人物故事，包括陵墓园区内的石质雕塑的艺术特点等，都进行了较为详尽的介绍。

除了以上这些情况外，从总体上来看，这一套丛书还具有以下几个方面的共同特点：

首先，丛书依照《西安小史》的编撰特点，每册书约有百十个条目，每个条目约有数百字，把这一专题的相关内容简明扼要地介绍出来。因此，文字流畅，内容精练，知识性强，是本丛书的鲜明特点。

其次，每册书均收有数十幅非常精美的相关图片，与专题的内容十分切合，有助于读者更加直观地了解相关历史知识。因此，图文并茂，简明易懂，是本套丛书的又一个明显的特点。

再次，知识性强，信息量大。我们这套丛书的作者都是西安地区高等院校、文物考古部门的专家学者，均有博士学历，具有多年的教学或研究经历，在各自的相关领域取得了可喜的研究成果，且年富力强，思想敏锐。他们长期在西安当地工作，对本地的历史文化有着透彻的理解，掌握了丰富的资料，承担这套丛书可以说是驾轻就熟、得心应手。这也是我们对这套丛书有信心取得成功的一个重要原因。

需要指出的是，本套丛书与相关学术著作有着很大的不同，除了都强调科学性、知识性外，简明扼要，追求历史文化知识的普及性，最大限度地为广大读者服务，促进西安地区旅游事业的发展，弘扬我国悠久的历史与文化，是我们的重要目的。

杜文玉

（中国唐史学会副会长、陕西师范大学教授）

2017 年 11 月 17 日

目录

新石器时代

人面鱼纹彩陶盆 1

"Z"形刻符钵 2

鸟鱼纹彩陶葫芦瓶 3

玉人头像 4

商周文明

玉戈 5

凤柱斝 6

凤纹玉琮 7

镂雕人龙复合式玉佩 8

五祀卫鼎 8

多友鼎 10

利簋 11

永盂 13

柞钟 14

1

秦公大墓石磬............ 16

杜虎符............ 17

鸟盖瓠壶............ 18

相家巷秦封泥............ 19

强秦一统

龙纹空心砖............ 20

将军俑............ 20

"朝"字跪射俑............ 22

高足玉杯............ 23

铜车马............ 24

两诏铜方升............ 25

大汉雄风

彩绘陶指挥俑............ 27

彩绘拱手跽坐女俑............ 28

四灵纹兽面玉铺首............ 29

玉舞人............ 30

"皇后之玺"玉印............ 31

铜羽人............ 32

彩绘雁鱼铜灯............ 34

彩绘人物车马镜............ 35

鎏金凤鸟铜锺...................... 36

鎏金银竹节熏炉.................... 37

鎏金铜蚕.......................... 38

金怪兽............................ 39

茂陵石刻.......................... 41

曹全碑............................ 42

骑马狩猎图........................ 44

魏晋南北朝

彩绘跪坐伎乐女俑.................. 46

广武将军碑........................ 47

大夏石马.......................... 48

独孤信多面球体印.................. 49

史君墓石椁........................ 50

安伽墓围屏石榻.................... 51

姚伯多造像碑...................... 53

北周五佛.......................... 54

隋唐气象

白釉龙柄联腹传瓶.................. 56

董钦鎏金铜造像.................... 57

安备墓石榻........................ 59

3

黑釉塔式罐……61

"官"字款白釉五双脊瓣花口盘……62

彩绘釉陶文官俑和武官俑……63

三彩骆驼载乐俑……64

三彩梳妆女坐俑……66

三彩插梳女立俑……67

三彩腾空骑马俑……68

白玉忍冬纹八曲长杯……69

镶金兽首玛瑙杯……70

玉梁金筐宝钿真珠蹀躞带……71

景云钟……73

鎏金铁芯铜龙……74

金银平脱四鸾衔绶纹镜……75

鎏金舞马衔杯纹银壶……76

镂空飞鸟葡萄纹银香囊……77

伎乐纹八棱金杯……79

鸳鸯莲瓣纹金碗……80

鎏金鹦鹉纹提梁银罐……81

"都管七个国"银盒……83

金棺银椁……85

佛指舍利.................................. 86

石犀...................................... 87

昭陵六骏.................................. 88

顺陵走狮.................................. 91

贞顺皇后墓石椁............................ 92

白石老君像................................ 94

观音菩萨坐像.............................. 95

断臂菩萨立像.............................. 96

光宅寺七宝台浮雕石佛造像.................. 97

安国寺造像................................ 98

雁塔圣教序碑.............................. 100

皇甫诞碑.................................. 101

祢军墓志.................................. 102

石台孝经.................................. 104

颜勤礼碑.................................. 106

大秦景教流行中国碑........................ 107

开成石经.................................. 109

玄秘塔碑.................................. 110

观鸟捕蝉图................................ 111

客使图.................................... 112

马球图 114

狩猎出行图 116

阙楼图 118

宫女图 119

乐舞图 120

山水图 122

印本陀罗尼经咒 123

宋金元明清

青釉刻花提梁倒流壶 125

白釉黑花美人枕 126

交钞铜板 128

青花八仙人物匜 128

盛懋《春山访友图》 130

描金孔雀牡丹纹执壶 132

幻方铁板 133

沈周《水邨图》 134

五彩饕餮纹方鼎 136

王弘撰《行书集陶七首卷》 137

后记 139

新石器时代

人面鱼纹彩陶盆

新石器时代丧葬用具。1955年西安半坡遗址出土。高16.5厘米，口径39.5厘米。敞口，宽沿，浅腹，圜底略平。泥质红陶。盆内壁以黑彩绘出两组对称的人面纹和鱼纹。人面为圆形，右半额涂成黑色，左半额局部涂黑色，头顶发髻呈尖角形。嘴旁、耳旁各附相对的两条小鱼，头顶发髻外也有鱼的鳍刺形装饰，构成形象奇特的人鱼合体。人面眼睛似闭，细而平直，鼻梁直挺，亦梦亦幻。两条大鱼环游于人面之间，

人面鱼纹彩陶盆

作相互追逐状。仰韶文化是黄河中游地区重要的新石器时代文化，1921年首先发现于河南渑池仰韶村。仰韶文化流行瓮棺葬，儿童死后多以瓮棺葬于房屋附近，此盆即为瓮棺的瓮盖。盆底一般有小孔，供死者灵魂出入，表达了原始人对再生的向往。人面由人与鱼合体而成，有学者猜测可能是巫师进行某种宗教活动的装扮，代表着巫师请鱼神附体，进入冥界为夭折的儿童招魂祈福。人鱼合体的纹饰表明鱼已经被神化，可能是作为氏族崇拜的图腾。除西安半坡遗址之外，考古工作者还在宝鸡北首岭、西安临潼姜寨、汉中西乡何家湾等仰韶文化半坡类型遗址中发现相似的人面鱼纹彩陶盆。此器物制作精致，彩绘绚丽，形象地表达出先民的信仰、习俗，是一件十分珍贵的文物。人面鱼纹彩陶盆是我国第三批禁止出国（境）展览的国宝级文物，现藏中国历史博物馆。

"Z"形刻符钵

新石器时代饮食器。20世纪70年代西安临潼姜寨遗址出土。高12.4厘米，口径29.5厘米。泥质红陶。直口浅腹，圜底，形状如半球。口沿外饰一周黑色宽带纹，纹带中刻有一个"Z"形符号，底部有一孔。胎壁薄且均匀，外表经修磨，光洁规整。20世纪50年代，在西安半坡遗址出土有仰韶文化时期的陶器，上面有113个刻画符号。这些符号笔画简单，形状规则，共有22种。20世纪70年代，在姜寨遗址发现有120多个刻画符号，计有38种之多。这些符号大部分是刻在陶钵的口外缘黑宽带纹和倒三角纹上，并且大部分是烧造之前所刻，每件器物上仅刻一个符号。文字的使用是文明诞生的一个重要标志。传说文字是由黄帝的左史官仓颉所造，但从考古出土实物来看，文字并非一时的发明创造，而是建立在对之前各种符号整理的基础之上。仰韶文化这些刻画符号最早的为6000年前所为，因此其已经不是简单的符号，推测是中国早期文字的雏形。现藏西安半坡博物馆。

鸟鱼纹彩陶葫芦瓶

新石器时代水器。20世纪70年代西安临潼姜寨遗址出土。高29厘米，口径3.5厘米，腹径14.5厘米，底径6.5厘米。泥质红陶。小口直领，口微鼓，束颈，长鼓腹，腹中部最大径处贴附双耳，耳上带穿孔。器表施黑色彩绘，口部满绘黑彩，腹部前后两面各绘有鸟纹两组，侧面绘有鱼纹和几何图案各一组。此瓶巧妙地采用了葫芦造型，彩绘古朴流畅，融艺术与生活于一体，是仰韶文化代表性器物之一。现藏西安半坡博物馆。

鸟鱼纹彩陶葫芦瓶

玉人头像

新石器时代晚期玉饰。1976年陕西神木石峁遗址出土。长4.5厘米，宽4.1厘米，厚0.5厘米。双面平雕玉刻人头像。顶束发髻，扇形大眼，鹰钩鼻，口微张，脑后大耳外凸。颊钻一圆孔，可能供系佩用。玉呈青色，局部有褐色侵蚀，半透明。这是陕西境内首次发现的新石器时代玉雕人头像，类似遗物在国内其他史前遗址有零星发现，如山东滕县大汶口文化的玉雕人面像、甘肃永昌鸳鸯池新石器时代墓地的石雕人面像、四川巫山大溪文化双面石雕人面像等。玉人形象出现于新石器时代，是原始社会氏族和祖先崇拜与玉雕艺术相结合的产物。

玉人头像

从玉人的面部形象看，大眼钩鼻，与中原地区人物面貌迥异，可能为西域人。从玉材质来看，其类似新疆和阗玉。此器为探讨中国内地与西域地区的早期交流提供了物证。考古发掘资料证实，人面具可作宗教活动、祭礼活动或辟邪等用。现藏陕西历史博物馆。

商 周 文 明

玉 戈

商代礼玉。1975年西安东郊老牛坡商代遗址出土。长31厘米，最宽处8.1厘米，厚0.7厘米。玉戈是盛行于商周时期的仪仗器，由援（身）、内（柄）、穿（孔）、栏（胡）、珌（柄）等部分构成。玉戈援阔而微曲，中有脊锋，前锋呈三角形，两侧带刃。内为长方形，在内与援交接处的两侧有胡，近援处有喇叭形穿孔，后缘饰四扉牙棱。

这件玉戈是由秦岭一带常见的蛇纹石雕琢而成。使用这种玉材加工的商周玉制工具和佩饰在西安地区多有出土。此戈制作精细，锋刃犀利，戈体抛光，平滑光洁，甚至连穿孔和扉牙的间隙都经仔细研磨，通体完好。其直内、扉棱、长援和棱脊等均具有商代特征，是西安地区商代文明的代表性器物。现藏西安博物院。

其出土地老牛坡遗址的发现和发掘，对研究陕西地区商代文化以及商代的政治疆域等具有十分重要的意义。

凤柱斝

商代晚期青铜酒器。1973年宝鸡岐山贺家村周墓出土。通高41厘米，口径19.5厘米，重2.86千克。此器侈口，束腰，平底略鼓，三棱锥状外撇足。口沿上立两柱，柱端各置一圆雕高冠凤鸟。凤鸟作站立状，歧冠耸立，鼓睛尖喙，体饰细鳞片，尾翎短挺，刻画精细，形象生动。半

凤柱斝

环状单鋬，上部装饰兽头，鋬面饰云雷纹。腹部分上、下两段，均饰云雷纹组成的变形饕餮纹，以5道扉棱间隔。

凤鸟是商周青铜器上常见的装饰题材。青铜器上装饰的凤鸟变化多样，神态各异。然而我们所见到的凤鸟纹饰大多是线雕，像这件凤柱斝双柱上的圆雕凤鸟较为罕见。在器柱上装饰凤鸟，增加了器物的灵动感，为神秘威严的青铜礼器注入了生命的活力。这件凤柱斝是商代晚期青铜斝中的精品。现藏陕西历史博物馆。

凤纹玉琮

西周礼玉。1985年西安南郊（今长安区）张家坡村170号墓出土。高5.5厘米，边宽4.3厘米。玉料呈深绿色。体为方柱形，中心有一上下穿透的圆孔，两端各有一圆环形口。外壁四面各以双勾阴线刻画一形式相同的凤纹。凤纹圆目，鹰钩长喙，弯柱形垂冠，扬翅，长尾垂地，具有西周同类纹饰的典型特征。琮是外方内圆的玉器，从新石器时期开始至西周皆有发现。此器所饰凤纹在西周时的玉器上十分常见，颇具时代特征，但用其饰于玉琮四外壁者，迄今所知仅此一件，极其珍贵，为研究玉琮的发展演变史提供了重要物证。

玉琮的用途很多，祭礼时用于祭地，殓尸时放在腹部，朝聘时诸侯持以进献君夫人等。今人则据其形状及纹饰，认为它是贯通天地的一种法器，是巫师用以沟通神灵的工具。根据《周礼》等文献记述，玉琮原为礼地用，后延伸为礼后用，并代表阴。与此同时，神兽中的龙亦表示王或天子（阳），凤表示后妃（阴）。此器之形及其上的纹饰皆代表"阴"，两者很好地统一在同一器物上，显然其所有者可能是王后或代表地神的权贵女性人物，是一件难得的珍贵文物。现藏中国社会科学院考古研究所。

凤纹玉琮

镂雕人龙复合式玉佩

西周玉佩。1984年西安南郊（今长安区）张家坡村175号墓出土。高6.8厘米，厚0.5厘米。玉料呈青绿色。镂雕大小不等的侧视人头两个，每一个人头下分别另与三龙一凤复合并共同组合为一器。近似此式玉器，在西周时期的传世品中曾有所见，其含义可能与表示神人有关。此器为迄今所见甚少的出土品之一，且玉质莹润，雕饰精美，在人神类玉器中占有重要地位，是西周时期玉器的代表作。现藏中国社会科学院考古研究所。

镂雕人龙复合式玉佩

五祀卫鼎

西周中期青铜炊器。1975年陕西岐山董家村铜器窖藏出土。通高37.2厘米，口径34.1厘米，重11.8千克。此鼎立耳，器腹宽扁下垂，柱足较细。颈饰雷纹衬地的窃曲纹一周。鼎腹内铸有一篇多达207字的铭文。据铭文记载，周恭王五年（前918）正月，裘卫为了在昭太室东北营治二川，准备用五田交换邦君厉的四田。他把这件事向当朝的邢伯等王室大臣报告，大臣们命令官员对交换土地的田界进行勘察，办理了易田手续。与此有着类似内容铭文的青铜器还有同一窖藏出土的卫盉、九祀卫鼎和传世的格伯簋，这几件器物的铸铭中都记载了以物易田的事件。按照周礼的规定，周王虽把土地分封给各级贵族，但这些土地名义上仍属于周天子，受封者不得买卖。《诗经》云："溥天之下，莫非王土。率土之滨，莫非王臣。"但从上述铭文我们不难看出，至少在周恭王时期，周代的这一制度已发生了动摇。长期以来，人们一直认为，西周时期的土地皆归周王所有，土地的买卖和交换是东周之后才出现的现象。而五祀卫鼎上关于恭王时期土地交易的铭文表明，早在西周中期，土地占有形态已经发生了显著的变化。但这种贵族间土地的交换，在形式上还要尊重周天子。五祀卫鼎铭文对研究西周中期的社会经济状况以及当时社会内部孕育

五祀卫鼎

的历史变革，具有极其重要的意义。另外，它的铭文中有准确的年号和执政官姓名，因而也成为判断西周恭王时期青铜器的标准器。现藏陕西历史博物馆。

多友鼎

西周晚期青铜炊器。1980年西安南郊（今长安区）斗门下泉村出土。通高51.5厘米，口径50厘米，重35千克。鼎为半球形体，深腹，三蹄足，口沿二立耳。器腹上部饰有两道弦纹，造型古朴。鼎内壁有275字铭文，是1949年以来

多友鼎

陕西地区出土的铭文最多的青铜器之一。铭文记载了西周厉王时期的一场战争。当时，猃狁侵犯京畿腹地，周厉王命令武公派遣部下多友率兵迎击。半个月4次激战，多友都取得了胜利，将敌军300余人剿灭、20多人俘获，缴获战车127辆，猃狁被赶出周境。厉王因此重赏多友，赐青铜100多钧。多友特铸此鼎以作纪念。猃狁是西周时期北方地区重要的民族之一，是周西北疆主要的边患，时常侵扰周境，劫掠财物、人口，严重威胁着周王朝的统治。许多西周晚期的青铜器铭文都提及猃狁，其中记载着周人反击猃狁历史的多友鼎是最为重要的一件。此器具有西周晚期青铜鼎的典型特征，这篇铭文对战争的原因、过程以及结果都进行了详细的介绍，是研究西周晚期政治、军事、民族关系、历史地理和古文字的珍贵史料。现藏陕西历史博物馆。

利簋

西周早期青铜食器。1976年在西安临潼零口西段村出土。高28厘米，口径22厘米。又名武王征商簋。侈口鼓腹，腹下圈足，下连方禁。两錾兽形耳，有长方形垂珥。腹部与方禁饰饕餮纹，饕餮额上加饰小兽首，两侧加饰倒夔纹。圈足饰夔纹带，方座四隅饰蝉纹。簋腹内底铸铭文4行32字，记载了西周武王征伐商朝与牧野之战的重要史实。铭文大意是：周武王征商，时间在甲子日晨，岁星正当其位，因而武王很快灭商。辛未日（即伐商后的第七天），武王在阑师这个地方，

利簋

赐铜给一位名叫利的官吏。利觉得很荣耀，便铸成这件铜簋作为纪念。利簋铭文中有"唯甲子朝"四字，明确记载牧野之战的日期为"甲子日"，证实了《逸周书·世俘》《尚书·牧誓》的记载。铭文中记有武王在辛未日赏赐臣下，离甲子日只有7天，说明战争结束很快，这与《韩非子·初见秦》中"战，一日而破纣之国"所记相符。

　　利簋的发现，无可争辩地肯定了牧野之战的具体日期。它是目前发现的周初金文中叙述武王伐商的唯一珍贵史料。铭文中的甲子纪时，为西周的铜器断代提供了重要的标准。利簋造型和纹饰典雅庄重，铭文字体遒劲古朴，体现了周初方座簋的风格和特征。利簋是武王时期的标准器，也是目前发现的西周最早的青铜器，属我国首批禁止出国（境）展览的国宝级文物。现藏中国国家博物馆。

永盂

西周恭王时期青铜水器。1969年西安蓝田泄湖镇出土。通高47厘米，口径58厘米，重36千克。此为西周时期大型盂之一。侈口深腹，高圈足。腹部两侧有一对附耳，在两附耳之间的扉棱上各饰一头长鼻上卷的象首。腹上部饰饕餮纹，下部饰蕉叶蝉纹，圈足同样饰饕餮纹。通体以细雷纹填地。内底铸铭文123字，记述益公传周王的命令，赐给师永田地，参与出命和授田仪式的还有邢伯、荣伯、尹氏、师俗父、遣仲等5位大臣，益公还命司徒、司工等人监理王命。永因受田，颂扬天子，并为文考乙伯制此件祭器。此器铭文为研究西周中期国有土地制度下的土地赏赐情况提供了

永盂

重要资料。同时，铭文中提到不少西周中期王室大臣的名字，可与其他铜器上的人名相联系，对青铜器断代有重要价值。此盂为周恭王时期的重要标准器之一，属国宝级文物。现藏西安博物院。

柞钟

西周晚期青铜乐器。1960年陕西扶风齐家村出土。柞钟一组8件，大小递减，高52厘米~21厘米，重26.65千克~3.25千克。8件编钟的形制、纹饰基本相同。前4件各铸一篇铭文，后4件分铸一篇铭文，内容相同。鼓部饰一对卷唇回首夔龙，篆间饰"∽"形双头兽纹，舞饰粗浅云纹，旋饰目云纹。

商周时期的乐器是青铜礼器的重要组成部分，钟也就成为王公贵族朝聘、祭祀和宴飨时必不可少的重要礼器，"钟鸣鼎食"就是对这种场面的形象描述。钟的发明，在音乐发展史上是一个杰出的创造。

西周是乐钟的创制和发展时期，西周早期多为3枚一组的编钟，晚期有8枚一组的编钟，到了东周时期，甚至出现了如曾侯乙墓编钟那样的64枚一组的编钟。钟的正鼓部和侧鼓部敲击可发两个频率音，西周柞钟的音域已达到了3个八度。有人做过专题研究，证明西周后期8件成套的编钟，都是由宫、角、徵、羽四声音阶所组成的，这可能与"雅乐"常用这种调式有关。周人弃"商"音，只用其余四音。后世

柞钟甲

儒家所言修礼乐可兴邦国,这种思想就根源于西周的编钟。

柞钟是研究西周晚期礼制与音乐发展的重要资料。现藏陕西历史博物馆。

秦公大墓石磬

春秋晚期秦乐器。1975年陕西凤翔南指挥村秦公一号大墓出土。有20多件石磬及其残块，大小不等，推测至少应为3套编磬。形体上作倨句形，下作微弧形，光泽如镜。击之，其声清越悠扬。其上大多刻有铭文，经缀合后共有铭文26条206个大篆文字。

磬铭行文谐韵，内容丰富，字体古拙遒劲。磬铭"汤汤厥商"的"商"为七音之一，表明当时人们已知音阶名。磬铭"百乐咸奏"足见秦乐演奏场面之盛大热烈。磬铭称秦公燕喜周天子，得其认可，继秦共、桓二公大统，再结合"唯四年八月初吉甲申"的铭文，可断定大墓墓主为秦景公。推定编磬乃秦景公四年（前573）亲政祭祖、祭天之物。

磬铭提到秦人始祖颛顼（高阳氏），提到"上帝""配天"，此皆为祭祀对象。"（申）用无疆"乃祭祀目的，祈求国祚无限。磬铭关乎景公即位的合法性，故以之随葬。由磬铭可以考见春秋晚期周秦关系相当密切，亦可知秦文化深受周人影响。磬铭文字与传世秦公钟、民国初年天水出土的秦公簋接近，可为二器断代提供佐证。

磬铭亦为研究编磬的发展史及中国刻石的起源问题提出了新的课题。这批磬铭对研究春秋时期秦国历史、文化以及秦系文字演变情况均意义重大。现藏陕西历史博物馆。

杜虎符

战国时期秦国兵符。1973年西安南郊北沈家桥村出土。高4.4厘米，长9.5厘米，重0.08千克。虎作行走状，昂首卷尾。正面突起如浮雕，背面颈部有一小孔，还有用于套合的凹槽和榫。

虎身有错金小篆铭文9行40字，大意为：右半符存于君王之处，左半符存于杜地的军事长官手中。凡要调动军队50人以上，杜地的左符就要与君王的右符相合，才能行军令。但遇有紧急情况，可以点燃烽火，不必与君王的右符相合。

符是古代帝王授予将帅兵权和调发军队的信物，分左、右两半。右半留君王处，左半发给统兵将帅，调动军队时由使臣持符与主将的另一半验合，方能发兵。古代兵符多做成虎形，取其威猛、迅捷之意，所以兵符又称为虎符。

这件虎符属于左半部分，掌握在杜地的军事长官手中。杜曾是周代的杜伯国，秦武公十一年（前687）初设杜县。虎符的出土地位于文献记载的秦杜县所在地。根据对持有者秦王"君"的称谓，推测铸造年代应是在秦惠文君称王之前的12年内。

这是现存最早的铜虎符，是见证秦国调动军队制度的重要实物遗存。现藏陕西历史博物馆。

杜虎符

鸟盖瓠壶

战国青铜水器或酒器。1967年陕西省绥德县废品站征集。通高32.6厘米，口径6厘米，圈足径8.8厘米，最大腹围37.7厘米，重1.8千克。壶形呈瓠瓜（葫芦的一种）形，前鼓后曲。盖面立雕鹙鸟，鸟喙处有环扣，可以上下启闭。鸟高冠，翎羽精致清晰，胸部装饰带冠的鸶鸟，作啄蛇践蛇状。盖尾下有环，以链条与壶鋬相连。肩至腹部装饰六道蟠螭纹，空隙处填以小圆点珍珠纹。八棱形壶鋬在器体凹曲的一侧，鋬两端饰螭首。

瓠壶也称匏壶，为古代礼器的一种。有专家考证，这件器物即古文献中所说的"玄酒陶匏"的"匏壶"，即盛玄酒（水）用的礼器。此器轮廓形象恰如古天文星象中"匏瓜星"亦即"天鸡"之象。西周时以匏瓜作为日用器物，古人见物形对照以名星象。以"匏瓜"为星名，确系中国古代所固有，而非外来的名称。因此，这件青铜瓠壶或是一件与星象关系密切的重要器物。至于鸟形器盖上纹饰中的鸟蛇，则与《山海经》称"开明西有凤凰、鸾鸟，皆戴蛇践蛇"有关，推测为与祭天有关的重要酒器。

此种造型的壶较为少见，目前基本只见于东周时期，有人认为其设计应该是参考了北方草原皮囊壶的造型。此壶造型极为逼真，纹饰细密繁缛，动物装饰生动形象，表现出春秋战国时期的青铜器在装饰题材上的纷繁多彩以及构图设计上对传统装饰风格的突破，是一件罕见的艺术珍品。现藏陕西历史博物馆。

相家巷秦封泥

战国晚期至秦代缄封简牍的印痕泥块。1995年在西安市未央区六村堡乡相家巷村南陆续有所发现。位于北京的路东之古陶文明博物馆收藏约1000枚秦封泥，随后西安中国书法艺术博物馆收藏700余枚。1997年，西安市文物保护考古所在出土地点进行发掘，收获一批秦封泥。2000年，中国社科院考古研究所汉长安城考古工作队在此发掘，又获325枚100多种秦封泥。封泥是古人钤印的实物遗存，是用印抑泥封缄简牍、物品等的痕迹。这批封泥除少数可以上溯至战国晚期外，绝大部分为秦朝遗物。相家巷遗址位于汉长安城遗址内，是秦甘泉宫（又称南宫）所在地，皇帝、太后常居于此，各级官员进奉物品、文书，缄以封泥，拆开后将封泥遗弃堆积而成。相家巷秦封泥多为官印，涉及从中央到地方的诸多职官。三公九卿制是秦代设立的中央官制，这批封泥中有反映三公设置的"左丞相印""右丞相印""太尉之印""御史之印"。这批封泥中不仅有大量关于宦官制度的资料，还有不少关于宫殿苑囿的资料，可补史书记载之缺；这批秦封泥系统揭示了一批鲜为人知的秦郡县名称，为研究秦地理提供了极其重要的资料；这批封泥还提供了大量秦官印的样式，并为认识秦印的篆刻文字提供了丰富的实物资料。相家巷秦封泥的数量是自清代道光、咸丰以来封泥发现史上之最。秦封泥的发掘价值不亚于云梦睡虎地秦简的重大发现，是秦代历史研究、考古以及中国古代职官、地理研究的里程碑式重大发现。现部分藏于西安中国书法艺术博物馆。

强 秦 一 统

龙纹空心砖

　　秦代建筑材料。1975 年陕西咸阳窑店乡牛羊村秦宫一号建筑遗址出土。长 62 厘米，宽 38 厘米，厚 5 厘米。砖正面阴刻一"S"形龙纹，龙双目圆睁，肢爪遒劲，龙身布满平行的细线，龙身下方怀抱一谷纹玉璧。空心砖始见于战国时期，主要用来建筑宫殿、官署和墓葬。西汉是空心砖使用的极盛时期。秦宫一号建筑遗址曾出土多件，均为长方形，纹饰不尽相同，多作踏步使用。1988 年，乾县秦甘泉宫遗址亦曾采集到纹饰相同的龙纹空心砖。秦龙纹空心砖的画面极其生动，蕴含一定的政治理念。现藏咸阳博物馆。

将军俑

　　秦代随葬明器。1974 年西安临潼秦始皇陵兵马俑一号俑坑出土。高 197 厘米。泥质灰陶。秦始皇陵一、二号俑坑共出土高级军吏俑（俗称将军俑）9 件，它们是秦俑坑中级别最高的将领,其中一号俑坑8件,二号俑坑1件。除2件为战袍高级军吏俑外,其余7件均身披铠甲,站立于设置有钲和鼓的指挥车之后。将军俑共同特点是头戴鹖冠,身材高大魁梧,神情威严沉稳。这7件将军俑身穿双重长襦,外披鱼鳞甲,头戴鹖冠,有的双手交垂于腹前,挂长剑,有的双臂自然下垂,昂首挺胸,气宇轩昂。

将军俑

一号坑出土的此件将军俑长方大脸,蓄八字胡,面容威严,作挂剑姿态,立于方形底板之上。其附近散落一柄青铜长剑,原为将军俑所挂持。将军俑冠顶呈双卷的雉尾形,这种冠便是文献记载中的"鹖冠",在考古发现中还是第一次见到。鹖鸟十分勇猛,斗死乃止。因此战国时赵武灵王用鹖尾标明武士的特征,竖立左右以为鹖冠。秦汉时期因循此制,鹖冠成为武官的代表性冠式,但冠的样式和作用已发生变化。将军俑出土数量少,雕塑技艺精湛,为秦代雕塑艺术之珍品。现藏秦始皇帝陵博物院。

"朝"字跪射俑

秦代随葬明器。西安临潼秦始皇陵兵马俑二号俑坑出土。通高128厘米。跪射俑共出土160件，主要排列在二号俑坑东端。头挽发髻，战袍外披铠甲。左腿蹲曲，右膝跪地，上身直挺，以头和躯干为中心形成直线，下肢扭转，双目凝视左前方，双手在胸前右侧一上一下紧握弓弩。跪射俑上身挺直，臀部紧贴右足跟，身体的重量在右膝、左足和右足尖上，3个着力点呈稳定的等腰三角形。跪坐姿与立姿是弓弩射击的两种基本动作。跪坐姿射击重心稳，用力省，便于射中目标。同时，跪坐射击比直立姿态隐蔽，不容易被敌人发现，便于防守或埋伏。此件跪射俑胸前铠甲右上方刻画文字"朝"。跪射俑的雕塑手法写实，整体造型真实而生动，表现了强劲有力的动感。这些跪射姿态的武士俑是古代步兵战术训练动作的生动写照。现藏秦始皇帝陵博物院。

跪射俑

高足玉杯

秦代饮器。1976年西安市未央区车刘村秦阿房宫遗址出土。高14.5厘米，口径6.4厘米，足径4.5厘米。直口，深腹，腹壁较直，微斜收，高圈足呈喇叭形。腹外壁分4层纹饰：口下有柿蒂纹与连云纹一周，上腹部为谷丁勾云纹，下腹部为几何形勾云纹，近足处为变形云头纹。圈足上部以阴刻细线分5组，每组内有交叉的"S"形纹饰。此玉杯造型秀丽挺拔，色青泛黄，晶莹润泽，雕刻研磨抛光极为精细。

高足玉杯

据说汉武帝在建章宫立铜人，手擎承露盘，用来承接甘露以配制长生药，和求仙活动有关。在西汉南越王墓中曾出土一件承盘高足玉杯，由高足玉杯和承露铜盘组合而成，其功能推测为承聚甘露，是服用长生不老药的器具。这是迄今所知最早且为秦代出现的唯一一件高足玉杯，在玉杯发展史上占有极其重要的地位。结合其较大的体量和非凡的艺术品质，以及出土地点来看，应属御用品。现藏西安博物院。

铜车马

秦代随葬明器。1980年西安临潼秦始皇陵西侧陪葬坑出土。铜车马两乘，一前一后，放置在一个木椁内。这组铜车马按出土时的前后顺序编为一号车和二号车。两乘车均为单辕、双轮、四马系驾。前车（一号车）称高车或立车，通长225厘米，通高152厘米，总重量1061千克。车舆内竖立着一高杠铜伞，伞下立一御者，车上配有铜弩、铜盾、铜箭镞等兵器，在皇帝车队中起开道、警卫和征伐的作用。后车（二号车）称安车，通长317厘米，通高106.2厘米，总重量1241千克。车舆上有龟甲形车盖，分为前、后室。御者于前室跽坐驾车。后室宽大，为乘主席位，四周设有厢板。左右两侧和前方均开窗，窗上有镂空的菱花窗板，可以随意开合。

秦陵一号铜车马

后面有门，可自由启闭。舆内铺有类似软垫的厚茵，坐卧舒适。车上还有铜折巾、铜方壶等物件。铜车马作为秦始皇的陪葬品之一，象征着秦始皇銮驾的一部分，是按照真车、真马、真人二分之一的比例缩小制成，车盖以及车舆内外彩绘精美的纹样。两乘铜车马上的饰物和小型构件均为金银制作，显示了车驾的高贵。御者神态安详、恭谨肃顺，铜马丰臀健蹄、神骏轩昂，充分体现了秦代高超的雕塑技艺。它是我国考古史上发现最早、体量最大、保存最完整的彩绘铜制车马，对研究我国秦代冶炼与青铜制造技术、车辆结构、系驾关系等具有重要意义，创造了古代金属冶炼和制造史上的奇迹，被誉为"青铜之冠"。铜车马是我国首批禁止出国（境）展览的国宝级文物。现藏秦始皇帝陵博物院。

两诏铜方升

秦代量器。1952年陕西咸阳窑店出土。高5.5厘米，通长27厘米。青铜质，升体呈梯形，直口内折沿，圆柱形长柄。器壁两侧刻有始皇二十六年（前221）和秦二世元年（前209）诏书。始皇诏书为："廿六年，皇帝尽并兼天下诸侯，黔首大安，立号为皇帝，乃诏丞相状、绾：法度量，则不壹，歉疑者，皆明壹之。"二世诏书为："元年制诏丞相斯、去疾，法度量尽始皇帝为之，皆有刻辞焉。今袭号，而刻辞不称始皇帝，其于久远也，如后嗣为之者，不称成功盛德。刻此诏故刻左，使毋疑。"秦始皇统一中国，开创了中国历史上第

两诏铜方升

一个统一的多民族的中央集权的封建大帝国——秦朝，从而奠定了中国 2000 余年政治制度的基本格局。秦朝颁行的这件标准量器是秦始皇统一度量衡制度的实证，也是研究我国古代度量衡制度的一件珍贵实物资料。现藏陕西历史博物馆。

大汉雄风

彩绘陶指挥俑

西汉随葬明器。1965年陕西咸阳杨家湾汉墓出土。高55厘米。泥质灰陶。此俑头戴紫红色箕形冠，冠帽两侧有紫色宽带，系结于颏下。身着三重白、红镶边绿色至膝战袍，外披黑色披膊的鱼鳞甲衣，腰系革带，足蹬高筒靴，靴上绣有红绿相配的华丽纹饰及白色花边。右手侧前举，食指与大拇指伸出，左臂撸袖，左手摆向后方，似乎在发布号令。此俑造型比例适中，形神兼备，神态威严，是一个沉着机敏的年轻指挥官形象。据推测，杨家湾汉墓系西汉重臣周勃、周亚夫父子的茔地，该墓出土了1965件步兵俑、583件骑兵俑，号称"西汉三千彩绘兵马

彩绘陶指挥俑

俑"。此种形制的陶指挥俑仅出土1件，姿态、服饰独特，应是一位指挥官；为研究汉代军队服饰和陶塑艺术提供了实物资料，弥足珍贵。现藏咸阳市博物馆。

彩绘拱手跽坐女俑

西汉随葬明器。1997年陕西咸阳汉阳陵周应墓出土。高33厘米。此俑头发中分，椎髻垂于肩背，眉清目秀，朱唇紧闭；呈跽坐姿态，拱手高抬，用手和宽衣袖遮住嘴部；面带微笑，脉脉含情，身形窈窕，体现出西汉女性娇柔羞涩的仪态美。

身穿交领右衽米黄色曲裾深衣，朱红色领缘、袖缘，下摆呈喇叭状，腰系红带。此俑与原来穿着绢衣、今已腐朽不存的西汉裸体俑制作工艺不同，又称塑衣式陶俑。女俑轮廓线条流畅优美，色彩鲜艳，整体保存较好，表现出与兵马俑不同的生活情趣，是西汉陶俑中的精品。现藏汉阳陵博物馆。

彩绘拱手跽坐女俑

四灵纹兽面玉铺首

　　西汉玉饰。1975年陕西兴平汉武帝茂陵出土。通高34.2厘米，宽35.6厘米，厚14.7厘米。青玉质，据考为蓝田玉。大体呈长方形，中部浮雕兽面，双目外凸，宽眉露齿，头部上端浮雕卷云纹，长鼻下卷，弯勾成衔环纽。周围饰青龙、白虎、朱雀和玄武等四灵纹，间饰云纹。此器器型厚重巨大，是迄今所知最早的一件重达10千克以上的玉器和铺首形器，应不是作为通常的玉器使用，可能是大型建筑物之附件。此器自被发现始，即引起世人的注目，并将长期争论不休的有关蓝田产玉之谜解开。此器之料，硬度不高，为4~5度间。按严格的视玉标准计，不能称它为玉而应视为石料。但因当时的蓝田在京都长安附近，其料又用作皇宫建筑之物，为提

四灵纹兽面玉铺首

高它的等级和美化皇宫的需要，遂将石抬高为玉。此铺首将兽面与四神形象巧妙地结合在一起，对于玉器纹样的研究具有重要价值。其融浅浮雕、高浮雕、线刻、钻孔等各类技法于一体，造型威严生动，大气厚重，为汉代玉雕之精品。现藏茂陵博物馆。

玉舞人

西汉玉佩饰。2010 年西安汉宣帝杜陵出土。高 10.5 厘米，下宽 7.8 厘米。主体为羊脂白玉，采用圆雕技法。玉舞

玉舞人

人头上盘发，眉目清秀，细鼻梁，小嘴，面带微笑，身材修长，舞姿曼妙，联袂并肩而立。内穿多层长袍并着长裤，外穿长袖曲裾深衣，长摆曳地，腰缠两条宽绢带，脚穿翘头履。左侧玉舞人双手提袖拢于腰部，窄长袖紧贴深衣并下飘；右侧玉舞人左小臂向上伸直，右手摁于腰部，长袖弯曲下甩。玉工采用圆雕与阴刻相结合的手法，精准地捕捉并生动表现了舞人跳舞时的瞬间姿态，描绘出舞蹈时衣袖灵动飘拂的样貌，形神兼备。舞人式玉佩始见于战国，盛行于两汉。它是迄今发现的有明确出土地点的形体最大、等级最高，而且是唯一两件相连的俏色立体圆雕玉舞人。推测其为汉宣帝时期皇家御用之物，堪称绝品。它是汉代宫廷最为流行的"翘袖折腰之舞"最生动的写照，也是研究汉代宫廷文化、妇女服饰以及舞蹈史极其珍贵的实物资料。现藏西安博物院。

"皇后之玺"玉印

西汉皇后玉玺。1968年陕西咸阳韩家湾狼家沟汉高祖长陵附近发现。高2厘米，边长2.8厘米。白玉质，通体晶莹润泽。印面为正方形，螭虎纽，四侧阴刻勾连云纹，印面阴刻篆书"皇后之玺"四字。这方玉玺玉质精良，雕镂精致，印文端庄典雅，篆刻文字及纽式与文献记载的皇后之玺一致。此印为咸阳市韩家湾乡13岁小学生孔忠良在放学归家途中，于狼家沟小渠发现，后由其父亲孔祥发捐交陕西省博物馆。由于该玺印发现于汉高祖与吕后长陵东北约1千米处，故有学者推测其为吕

"皇后之玺"玉印

后陵园遗物,也有人认为应属于文景时期至西汉中后期遗物。该玉玺是已知典型的汉代皇后佩印,是认识和研究汉代皇后玺印形制的重要实物资料,其尺寸也说明了汉代皇后的印章大于一般印章的事实。此印在艺术上也极为突出,印文的布排、行距非常疏朗,重书法意趣,字体方整,笔势方中带圆,圆中带方,疏密匀称,是汉代官印的精品,是我国第三批禁止出国(境)展览的国宝级文物。现藏陕西历史博物馆。

铜羽人

西汉青铜塑像。1964年西安西关南小巷出土。通高15.3厘米,重1.3千克。羽人长脸、高鼻、凸颧骨,眉骨隆起,两大耳竖直高出头顶,脑后短发披垂,样貌奇特。乍看面目颇为狰狞,细观则眉宇间隐隐露出一丝微笑。羽人作跽坐式,上体微前倾。身穿无领紧袖右交襟长衣，腰束带。背生双翅，翅末翎纹成连波状。两臂向前，曲肘，呈抱物状。两膝盖间有一半圆形竖洞，底部有一小孔，用以固定所持之物。臀坐脚跟上，衣后露出一双赤足。体被羽毛若鳞状，下衣沿饰线波纹。此即神话中背生羽翼的仙人形象。1987年洛阳汉墓曾出土一件形制相同的铜羽人，双手抱持之物尚在，为一中空长方体和圆柱形插物架的连体。汉乐府民歌《长歌行》曰："仙人骑白鹿，发短耳何长！导我上太华，揽芝获赤幢。来到主人门，奉药一玉箱。主人服此药，身体日康强。发白复还黑，延年寿命长。"据此，有专家推测，铜羽人耳高于顶，与汉诗中仙人形象相吻合，双手捧持的器物应为药箱，药品大约为灵芝仙草等一类古人认为可令人长生不老的"灵丹仙药"。铜羽人的出现与汉代统治阶级所幻想的"羽化升仙"的宗教思想有关，显示当时人们祈求长生不老与死后升仙的强烈愿望。这件文物造型生动，纹饰精美，对研究我国秦汉时期神仙信仰与习俗有重要意义。现藏西安博物院。

铜羽人

彩绘雁鱼铜灯

西汉生活用具。1985年陕西神木店塔村西汉墓葬出土。通高54厘米，长33厘米，宽17厘米，重4.25千克。此灯形如鸿雁，由鸿雁头颈、雁身、灯盘、灯罩四部分套合组成。雁颈修长，双目圆睁，身体两侧铸羽翼，短尾上翘，掌有蹼。顾首张喙，衔鱼一条，下接灯罩盖，鱼、雁体腔均中空相通。灯作圆形浅盘，一侧附灯柄，可控制灯盘转动。灯罩为两片弧形铜板，可左右转动开合，调节光照，并可防风。雁腹内可盛清水，灯烟经由鱼腹，穿过雁颈而溶入水中，以减少污染。灯体饰彩绘，雁喙、腿下关节及蹼涂朱，眼圈、头部羽毛勾白，颈腹及背部外饰朱鳞纹，内心涂白，眼睛点墨，两翅硬羽轮廓隆起，先勾墨而后绘朱，羽梗又以白线画出。古人视鸿雁为祥禽，而"鱼"与"余"同音，为富裕的象征，所以关于禽鸟衔鱼的艺术形象，在我国古代比较多见，表达了人们追求富足、向往美好生活的愿望。汉代的青铜灯具形式多样，铸造工艺精巧实用，尤其是这种带烟管的灯，更是汉代的新创，独具匠心。现藏陕西历史博物馆。

彩绘雁鱼铜灯

彩绘人物车马镜

西汉生活用具。1963年西安北郊红庙坡出土。直径28厘米，厚0.4厘米。一面光素照容，另一面装饰彩绘图案。镜纽为三弦纽，圆形纽座，座底涂朱红色，镜缘为内向十六连弧纹，素边。镜座与镜缘之间有内外两区彩绘纹带，内区以石绿色为地，上绘4朵红花，间以云纹蔓草，在图案上勾点白色。外区以朱红色为地，十字形对称地分布4个蜻蜓眼琉璃珠，将镜背等分为4个区间，其内描绘4组富于变化的连贯画面，分别为"谒见""对语""射猎""归游"等，共计十九人、七马、一车、六树。所绘内容、表现手法与西汉早期帛画、壁画相似。它以写实的手法和明快艳丽的色调，再现古代社会生活场景。画面上人物的发式、服装等刻画入微，车马人物动感十足，神

彩绘人物车马镜

采飞扬,生动真实。这面铜镜上保留了一幅比较完整的汉代绘画,是研究汉代历史和艺术的珍贵实物资料。它是我国第三批禁止出国(境)展览的国宝级文物。现藏西安博物院。

鎏金凤鸟铜锺

西汉盛酒容器。2003年西安市未央区文景路枣园汉墓出土。通高78.4厘米,口径22.8厘米,腹径42.6厘米,底径23.7厘米。锺由盖、体两部分组成。盖面隆起,中央饰凤鸟形纽,缘下有子口可扣于壶中。凤鸟为立姿,昂首高冠,口中含珠,双翅收拢,长尾上翘,线条流畅,形象栩栩如生。锺口稍侈,颈微收,圆鼓腹,肩两侧置铺首衔环耳,圈足,足近腹处内折成台,口、肩、腹部饰4道微凸的宽带纹。铜锺的盖、身通体鎏金,制作精美,富丽堂皇。该墓侧室内出土两件形制完全相同的铜锺,其中一件密封完好,储存了26千克西汉美酒,翠绿清澈,酒香浓郁,是迄今所知保存最好、存量最多的古酒。此件铜锺为我们了解汉代贵族的生活习俗提供了鲜活的物证。现藏西安博物院。

鎏金凤鸟铜锺

鎏金银竹节熏炉

西汉熏香用具。1981年陕西兴平茂陵一号陪葬墓从葬坑出土。通高58厘米，口径9厘米，底径13.3厘米，重2.57千克。铜炉由炉体、炉柄和底座分铸铆合而成，为竹节长柄豆形，通体铜铸，鎏金鎏银。炉体呈博山形，子母口。炉盖高而尖，镂空，透雕多层山峦，其间有缝隙，供焚香时烟雾逸出。圆形底座上透雕两条蟠龙，翘首张口咬住竹柄。柄分5节，上端铸3条蟠龙，以龙头承托盘腹。炉身上部浮雕4条鎏金龙，下腹有10组三角形，内雕回首蟠龙，腾跃于波涛之中。炉盖口外侧刻铭文一周，共35字，铭曰："内者未央尚卧，金黄涂竹节熏炉一具，并重十斤十二两，四年内官造，五年十月输，第初三。"底座圈足外侧亦刻铭文一周，共33字，铭曰："内者未央尚卧，金黄涂竹节熏炉一具，并重十一斤，四年寺工造，五年十月输，第初四。"两汉时期，博山炉已盛行于宫廷贵族的生活之中。此熏炉是西汉皇家未央宫所用的生活用器，从同出的有"阳信家"刻铭的铜器分析，再参阅文献记载发现，汉武帝于建

鎏金银竹节熏炉（局部）

元五年（前 136）十月将这件原为未央宫之物赏赐给其长姊阳信长公主。熏炉造型别致高雅，铸造技艺精湛，光彩夺目，富丽堂皇，是西汉时期的一件艺术精品。其造型有别于一般所见的博山炉，而自名为"熏炉"，为这类器物的定名提供了新的依据。铭文对研究汉代青铜冶铸业中的官府机构情况也提供了重要资料。现藏陕西历史博物馆。

鎏金铜蚕

西汉工艺品。1984 年陕西石泉前池乡谭家湾出土。通长 5.6 厘米，腹围 1.9 厘米，胸高 1.8 厘米，重 10 克。蚕作仰首吐丝状，首尾共有 9 个腹节，胸脚、腹脚、尾脚完整，形状与真实的蚕等大。制作精致，体态逼真，通体鎏金，金光烁烁。鎏金铜蚕是当地村民谭福全在池河岸边淘金时偶然发现，出土于距地表 2.5 米深处，在其周围还发现五铢铜钱，经鉴定为汉代遗物。蚕在它短暂的一生中，经历数次变化，

鎏金铜蚕

"四眠四起",令古人惊叹称奇。荀子在《赋篇》中写道:"有物于此,儵儵兮其状,屡化如神。功被天下,为万世文。礼乐以成,贵贱以分。养老长幼,待之而后存。"蚕被古人认为具有沟通天人的功能,丝绸也因此成为一种引导墓主升天的媒介。在古代文献中,很早就有关于金蚕的记载。据说,秦始皇陵里号称有"金蚕三十箔";西晋永嘉年间,在春秋五霸之一的齐桓公墓中曾发现过"金蚕数十箔";南朝时期,又在吴王阖闾夫人的墓中发现了"金蚕玉燕千余双"。直到发现了这只鎏金铜蚕,才算有了实物佐证。中国是世界蚕丝的发源地,从史前到汉代,一直是世界唯一生产丝绸的国家。张骞"凿空"西域之后,开辟丝绸之路,丝绸成为中国向西方诸国输出的主要商品。鎏金铜蚕的发现,从一个侧面说明汉代养蚕活动的兴盛,也是2000多年前先辈开辟丝绸之路历史的见证。同时,我国出土文物中多见商周时期形态各异的玉蚕。蚕被视为神灵化身,寄寓了羽化重生之意,甚至有人认为蚕是龙的原形。用青铜铸造并施以鎏金的蚕,在国内还属首次发现,弥足珍贵。现藏陕西历史博物馆。

金怪兽

汉代匈奴金饰物,或以为战国时期遗物。1957年陕西神木纳林高兔村匈奴墓出土。高11.5厘米,长11厘米,重257克。纯金质,捶揲成型。圆雕立体状,体内中空,表壳较薄。怪兽形象奇特,为长着多分枝卷角的鹿形,但有鹰喙形嘴,每一个分枝卷角的顶端及尾端也生出一个同样的兽头，就像传说中的九头鸟。怪兽弯颈低头，呈角抵状，四蹄站立在花瓣形圆形底座上，身上布满卷云纹。大角、尾和花瓣形圆形底座系焊接为一体，角和尾部的焊点突起而成颗颗金点和串珠。从花瓣形圆形底座上用来钉缀的小穿孔推断，这件金怪兽很有可能是匈奴人冠冕上的装饰，应是匈奴王或部落酋长所戴，反映了匈奴人对勇猛强悍动物的崇拜。其在制作上综合运用了多种工艺，全面反映了匈奴金银器制作技术的高超水平。匈奴金银饰件以其独特的动物纹饰著称于世。这件金怪兽造型奇异，线条优美，被誉为最有代表性的匈奴艺术珍品。现藏陕西历史博物馆。

金怪兽

茂陵石刻

　　西汉茂陵陪葬墓前石像生。位于陕西兴平茂陵霍去病墓前，雕刻于西汉元狩六年（前117）或稍后。霍去病是西汉著名将领，曾先后6次出兵塞外，征伐匈奴，打通了河西走廊，官至大司马、骠骑将军，封冠军侯。他英年早逝后陪葬茂陵，汉武帝为其修建大型墓冢，象征祁连山，并雕刻巨型石人、石兽置于墓地，以彰其功。墓前石刻现存16件，皆为砂石质。其中马踏匈奴、野人、怪兽食羊、卧牛、人抱熊、卧猪、跃马、卧马、卧虎、卧象、短口鱼、长口鱼、蟾蜍、石蛙等石雕14件，另有题铭刻石两件。石刻依石拟形，稍加雕琢，手法简练，风格拙朴浑厚，浑然天成，是中国现存时代最早、保存最完整的一批大型石雕艺术珍品，是汉初沉雄博大的艺术风格和时代精神的集中体现。其中"马踏匈奴"为墓前石刻的主像，高1.68米，长1.9米，是最具代表性的纪念碑式的作品。石马昂首站立，尾长拖地，腹下仰卧一人，络腮胡须，左手持弓，

茂陵石虎

右手握箭，作拼命挣扎状。这件作品表现手法高超，融思想性与艺术性为一体，堪称我国古代现实主义与浪漫主义相结合的杰作。这组石刻都是将一块整石运用线雕、圆雕和浮雕的手法雕刻而成，是写实与写意并重之范例。材料选择和雕刻手法与形体配合，有的注重形态，有的突出神情，神态各异，形神兼备。其中有两件分别刻着"左司空"和"平原乐陵缩伯牙（亦释年）霍臣孟"的隶书题铭，判断这批石刻当是少府左司空监造的。这批石刻亦是我国目前保存的古代成组大型石刻艺术中举世无双、驰誉中外的划时代杰作。此墓前列置石像生之举，对以后中国历代陵墓石刻有深远影响，为汉以后历代陵墓石刻艺术所继承。茂陵石刻是我国首批禁止出国（境）展览的国宝级文物。现藏茂陵博物馆。

曹全碑

东汉颂德碑。明万历初年陕西合阳莘里村（汉时合阳县故城所在）出土。碑为竖长方形。高272厘米，宽95厘米。此碑是合阳县令曹全之门生故吏为其刻立的颂德碑。东汉中平二年（185）刻，青石质，隶书。碑阳20行，每行45字。碑文详细记述曹氏世系及生平经历。特别是其所记，建宁二年（169）曹全出任西域戊部司马，率军征讨疏勒国王德和，中平元年（184）合阳县民郭家等响应黄巾军起义之事，可印证史籍，或补其阙。碑阴刊刻故吏、三老及义士57人姓名、官职和出钱数目，每列行数、字数不等。这是研究东汉官制

曹全碑

尤其是郡县佐吏的重要参考资料。此碑无撰书人姓名，碑文书体为标准的汉隶，字口清晰，字体扁平匀整，用笔方圆兼备，以圆笔为主，清秀婉畅，秀美多姿，是东汉隶书极盛时期的精品。碑阴书法与碑阳不同，质朴直率，妙趣横生，绝无刻意求工之气，在汉隶书法中别具一格。曹全碑是中国现存汉碑中素负盛名的碑石之一，具有很高的史料价值和书法艺术价值，数百年来受金石学家和书法家所喜爱。康熙十一年（1672）碑身断裂，加之迄今400多年来的不断椎拓，字口已有残损。曹全碑属国宝级文物。现藏西安碑林博物馆。

骑马狩猎图

西汉墓葬壁画。2004年西安理工大学曲江校区西汉大型壁画墓出土。绘制于高1.25米、长4.6米的墓室东壁上。该墓壁画保存较好，色彩艳丽，内容丰富，不仅有龙、虎、鹤、羽人、日、月、云气等反映墓主灵魂升天的内容，还出现了东汉流行的车马出行、狩猎、宴乐、斗鸡等世俗生活画面，是不可多得的西汉时期绘画艺术珍品，为关中墓葬壁画的研究提供了极为珍贵的实物资料。墓室东壁绘画内容以狩猎、车马出行等场景为主，人物行进方向均由南向北。中部及北部为狩猎场面，自南而北能辨识轮廓的人物形象有9组。第一组，白色奔马之上一红衣猎人左手持弓，右手拉箭，射向前面两只仓皇而逃的鹿；第二组，二人并驾驱驰，神态安然，似在轻松交谈；第三组，狂奔的黑马之上，一红衣猎手正拉

骑马狩猎图（局部）

弓射鹿；第四组，枣红马上一灰衣红脸猎手正拉满弓射杀前面的猎物；第五组，一青衣猎手下马捡取猎物，身后的枣红马作回头嘶鸣状；第六组，一猎手左手执辔，右手握鞭，胯下骑白马，正策马飞奔；第七组，一红衣猎人徒步追逐一奔逃的野猪；第八组，一白衣猎手于奔马之上手握长枪，刺杀猎物；第九组，一黄衣猎手于飞奔的红马之上回射远处的猎物。狩猎图中，被惊起的飞禽直冲云霄，被追逐的野兔、野猪、鹿等拼命狂奔，场面展现得生动传神、惟妙惟肖。狩猎场景以长卷式展开，场面宏大，气势壮观。灵活多样的线条、丰富和谐的色彩使画面生动活泼，神形兼备，与一般汉画的粗犷朴拙迥异，具有工笔重彩画的韵味。现已由西安理工大学曲江校区原址回填保护。

魏晋南北朝

彩绘跽坐伎乐女俑

十六国随葬明器。2008年9月西安市长安区凤栖原十六国墓出土。彩绘伎乐女俑共6件，通高27.5~27.8厘米。泥质红陶。女俑皆头梳十字形高髻，发髻中分，两侧鬓发垂过耳际；脸稍方圆，凤眼圆睁，粉面朱唇，面含微笑；两颊戳有圆形小窝，原应在两颊、眉心和下颌饰朱点，是当时女子流行的妆容；上身穿红色紧袖交领衣，下身着红色竖条纹裙，腰系带；手持乐器，跽坐于地，作演奏状。出土时并排而坐，但多已残破。经复原，自右而左分别为抚琴、弹阮咸、吹笙（推

彩绘跽坐伎乐女俑

测）、吹排箫、敲扁鼓、吹筚篥等。伎乐形象在魏晋十六国壁画中多有表现，但伎乐女俑是十六国时期新出现的俑类。这组陶俑端庄秀美，工艺精湛，形象地反映了十六国时期音乐文化的传承与各民族文化之间的融合。现藏西安市文物保护考古研究院。

广武将军碑

十六国前秦纪事碑。前秦建元四年（368）刻。碑为圭形。高174厘米，宽73厘米。正面碑文17行，行31字，额部刻"立界山石祠"5字。但因前人未曾看到碑额，故以首行题名称《广武将军碑》。碑阴题名18行，行33字；碑阴额部题名15行，行字不等；碑左右两侧也刻满题名。碑文记述广武将军□产家世功业，其会同当地显要，与冯翊护军苟辅划分疆界、竖立界石，并建"立界山石祠"的经过，以及其属界范围、部族分布和吏民实况等。碑文和题名涉及当时各级文武官秩众多，仅将军名号就有广武、建武、广威等16种，其他如各级将军的司马、参军、功曹等属吏，郡县的主簿、录事、功曹等属吏，还有部落系统的部大、酋大、大人等官号，多达数十种，是研究前秦乃至北朝历史的重要史料。残存134个题名中，从姓氏、官号即可判定是少数部族者，占一半以上。此碑书法为夹杂楷法的不规范的隶书，尤其是碑阴、碑侧题名，有的已失隶书笔意。此碑经过1000多年风化，残泐严重，配以斑驳石花，产生一种朴拙浑厚、宕逸古雅的美感，赢得了清代碑派书法家的高度赞誉，康有为称其"古雅第一"。现代著名书法家于右任作《广武将军碑复出歌》，将其与《豆卢恩碑》《姚伯多造像碑》并称"三绝碑"。此碑清乾隆间在陕西宜君县被发现，民国初年又现身于白水县，1972年从白水县纵目镇南彭衙村被移置西安碑林。现藏西安碑林博物馆。

大夏石马

十六国时期石雕。原在西安市北郊查家寨（汉长安城遗址内）。高200厘米，长225厘米。石马昂首挺立，前腿并直，后腿微屈，造型简练质朴，雄壮威严。马腹下中空，两前腿与后腿各自相连，刻有山水云气纹。前腿屏壁题刻"大夏真兴六年岁在甲子夏五月辛酉""大将军"等铭文，马身上刻有体现毛皮质感的阴刻线。

匈奴铁弗部首领赫连勃勃于公元407年建立大夏，都于统万城（今陕西靖边县白城子），后一度占据长安。长子赫连璝镇守长安，领大将军、雍州牧、录南台尚书。这尊石马为此时期遗物，纪年为大夏真兴六年（424）。

这件石马出自汉长安城遗址附近，是否原属陵前仪卫，已不可知。石马气势雄壮，艺术风格较为粗犷，风格承上启下。此为十六国时期罕见雕塑作品，时代明确，在雕塑史上意义重大，属国宝级文物。现藏西安碑林博物馆。

独孤信多面球体印

西魏印章。1981年陕西旬阳县城东门外旧县署遗址出土。高4.5厘米，宽4.3厘米。煤精石制成，纵横各呈八棱形的多面体组印。正方形印面18个，其中14个面镌刻有印文。三角形印面8个，皆为空白。正方形印面边长2厘米。14个印面的印文分别是"臣信上疏""臣信上章""臣信上表""臣信启事""大司马印""大都督印""刺史之印""柱国之印""独孤信白书""信白笺""信启事""耶敕""令""密"等。独孤信是北朝名将，西魏大统六年（540）任陇右十六州大都督、秦州刺史，大统十四年（548）进位柱国大将军。北周建立之初，迁太保、大宗伯，进封卫国公。这组印是一次刻制而成，应在西魏大统十四年以后。该印印文为阴刻白文楷书，书体结构扁长，笔画健劲挺拔、秀丽雅致，有浓厚的魏体书法风格。印文内容不同，用途各异，是中国玺印史上罕见的一枚西魏印，为研究北朝印玺制度提供了珍贵的实物资料。原藏旬阳县博物馆，1990年入藏陕西历史博物馆。

独孤信多面球体印

史君墓石椁

　　北周石质葬具。2003年西安市未央区井上村东的北周史君墓出土。石椁东西长2.5米，南北宽1.55米，高1.58米。墓主人是6世纪入华粟特人"大周凉州萨保史君"，卒于大象元年（579）。萨保是北周政府任命的管理粟特来华贸易、定居人员，主持来华粟特人宗教祭祀活动的官员。石椁青石质，自铭"石堂"。石椁为歇山顶殿堂式仿木结构，坐北朝南，面阔五间，进深三间，由屋顶、四壁和底座三部分组成。四壁表面及底座四周减地浅浮雕图案，四壁表面残存彩绘贴金。屋顶由5块石材拼合而成，歇山顶上部由一块整石凿刻而成，其余4块平放在四壁上面，形成屋檐，雕刻脊瓦、莲花瓦当等，并用朱砂绘有仿木的建筑结构。四壁由12块石板构成，雕出石门、直棂窗、立柱及斗拱。其中4个转角处用"L"形整石雕凿而成。各石板之间的接缝处上方，扣有铁质"细腰"（也

史君墓石椁

称银锭榫）。石板两侧、石板与底座之间用直榫相连。石榻由5块石材组成，正侧面饰长方形、椭圆形和菱形7组图案，四周均饰联珠纹。四壁分别浮雕有四臂守护神、祭司、伎乐、狩猎、宴饮、出行、商队和升天等题材的图像。在人物面部、服饰、佩饰、器物、山水树木和建筑构件等部位施有彩绘或贴金。雕刻内容与风格带有明显的西域特色。石椁正面门扉之上有粟特文与汉文对照题铭。石椁浮雕图案精美，内容丰富，一方面体现了祆教文化，另一方面也受汉文化的影响，为中西文化交流及丝绸之路的研究提供了珍贵、翔实的文字、图像和实物资料。现藏西安博物院。

安伽墓围屏石榻

北周石质葬具。2000年在西安市未央区大明宫乡炕底寨村的北周安伽墓出土。东西长2.28米，南北宽1.03米，通高1.17米。墓主"大周同州萨保安君"，讳伽，卒于大象元年（579）。石榻青石质，由围屏、榻板、榻腿三部分构成。整个围屏石榻以榫卯结构结合凹槽内镶嵌物固定而成。围屏由3块长方形石板组成，左右两侧及正面各一块。围屏内侧减地浅浮雕彩绘贴金图案。榻板正面及左、右两侧面减地浅浮雕动物头像。榻腿呈束腰形，向外每面各减地浅浮雕兽首人身像。整个围屏石榻共减地浅浮雕图案56幅，其中3块石屏风内侧有减地浅浮雕12幅。左侧屏风自南向北依次为车马出行图、狩猎图及野宴动物奔逃图3幅。正面屏风从左向右

安伽墓围屏石榻

依次为奏乐舞蹈图、乐舞宴饮狩猎图、居家宴饮图、宾主相会博弈图、野宴商旅图及奏乐宴饮舞蹈图6幅。右侧屏风自北向南依次为狩猎图、宴饮奏乐舞蹈图及车马出行送别图3幅。三面石屏风刻绘的12幅图案以正面第3、4两幅为中心内容,其余图案基本以这两幅为中心对称分布。榻板正面及左、右两侧面减地浅浮雕动物头像33幅,其中正面17幅,两侧面各对称分布8幅。头像包括狮子、鹰、牛、神兽、龙、鸡、大象、神鸟、马、羊等。榻腿向外共11个面,各减地浅浮雕1幅兽首人身像。石榻浅浮雕图案为研究北周时期在华粟特人服饰、文化、生活习惯、宗教信仰、汉化程度、葬俗以及中西文化交流等方面内容提供了较为翔实的资料。石榻图像内容丰富,纹饰精美,雕刻细致,装饰富丽堂皇,是一件弥足珍贵的北周艺术珍品。现藏陕西省考古研究院。

姚伯多造像碑

北魏道教石刻。1931年陕西耀县漆水河出土。高126厘米，宽60厘米，厚27厘米。北魏太和二十年（496）刻。四面造像，右隅残损。碑阳上部凿一长方形浅龛，内雕3尊造像。正中主尊为老君坐像，头戴道冠，手势形似佛施禅定印。两侧为侍者，头戴道冠，双手合于胸前，跣足。下部为发愿文，23行，行28字。碑阴上部凿上下两龛，上龛为拱形龛，内雕一坐像，双手合于胸前，头戴冠帽。下龛为长方形龛，内雕3尊造像。正中为坐像，头戴冠，两侧侍者戴道冠站立，双手合于胸前。下部为19行发愿文。碑左侧上部线刻供养人像两层，上层1人，下层5人，题名两列6行，凡32字。下部为发愿文，9行，存150字。碑右侧上部线刻两排供养人物，仅存下排5人，题名5行，凡35字。下部为发愿文，9行，存218字。全碑铭文多达1200余字，笔画稚拙，隶意楷书。碑阳刻文中有："太和廿年岁在丙子九月辛酉朔四日甲子，姚伯多、伯龙、定龙、伯养、天宗等，上为帝主，下为七祖眷属，敬造皇老君文石像一躯。"姚氏家族是内迁的羌族，为当时北地郡道教首领。此造像是同类性质石刻中字数最多、内容最丰富的一块造像碑，也是迄今所知同时带有明确纪年和具体造像名称的最早道像资料，对研究中国道教历史和早期道教造像具有重要价值。通篇铭文大小错落，朴拙多变，别具丰神。于右任先生曾赋诗赞誉"道家像贵姚伯多"，将其与《广武将军碑》《豆卢恩碑》并称"三绝碑"。现藏药王山博物馆。

北周五佛

北周佛教石刻。2004年西安灞桥区湾子村的一处砖厂取土时发现。此处出土5尊北周大立佛和4件莲花狮子座，其中1尊佛像有北周大象二年（580）的刻铭。佛像高178～216厘米。底座高43～51厘米，边长73～90厘米。这批造像埋藏于靠近土崖边一处窖穴中，安放有序，保存完好，数量集中，应为"灭法"时护佛而掩埋。这5尊佛像形体高大，应为寺庙供奉的造像，都具有北周佛像的典型特点，肉髻低平，腹部挺鼓，形体健壮饱满，造型敦厚简练。头部在整个身体中占的比例较大，呈头大身短的造型。从造像样式上看，这5尊佛像可以分为两类不同的造像。一类是内着右袒僧祇支、外着双领下垂式袈裟的佛像，此类佛像应是北魏孝文帝中后期开始流行的汉化式的"秀骨清像"型佛像的延续，但变为身体健硕敦实、两肩

张子造释迦佛立像　　　佛立像 北周（577-581）
北周大象二年（580）

佛立像 北周（577-581）　　佛立像 北周（577-581）　　佛立像 北周（577-581）

宽平的丰壮型佛像。另一类是新出现的具有笈多佛像秣菟罗样式特点的佛像，均着通肩式大衣，袈裟质地轻薄，紧贴身体，凸现出健硕的躯体，具有"曹衣出水"式佛像的风范，或称为"薄衣佛像"。这两类系统的造像基本代表了北周长安造像的主要类型。5尊佛像均作右手施无畏印，左手牵握衣角的姿态，这种手印、身姿的组合在其他地区佛像中比较少见，可视为北周长安佛像的明显特征。其中4件佛座皆为方形覆莲式，四侧以减地平雕及线刻技法刻出神王、伎乐等形象，造型生动。

　　这5尊北周佛像具有多种区别于其他地区造像的表现手法，如衣褶处理、手印、身姿等，说明北周长安佛像在接受外来影响后，经过消化吸收而产生出具有地域特色的造型风格，已经初步形成了佛教造像的长安模式，进而对周边广大地区产生辐射与影响，而且这种佛像的诸多造像手法为以后隋唐佛像所吸收，对隋唐佛像雕刻艺术产生了深远影响。现藏西安碑林博物馆。

隋 唐 气 象

白釉龙柄联腹传瓶

隋代生活用品。1957年西安玉祥门外李静训墓出土，位于隋大兴城休祥里东南隅的万善尼寺。高18.6厘米，口径4.5厘米，腹径6.3厘米，底径4厘米。盘口，单颈，颈部有凸弦纹三周，双腹相连，肩部左右两侧各塑一修长的龙形柄，龙口衔住口沿，窥视瓶内。双龙柄为手工捏塑而成，手法简洁，形象生动逼真。白胎白釉，胎质纯净细腻，釉色光亮温润，上有细小冰裂纹，施釉至下腹。在北齐时已开始烧制白瓷，但当时烧成的

白釉龙柄联腹传瓶

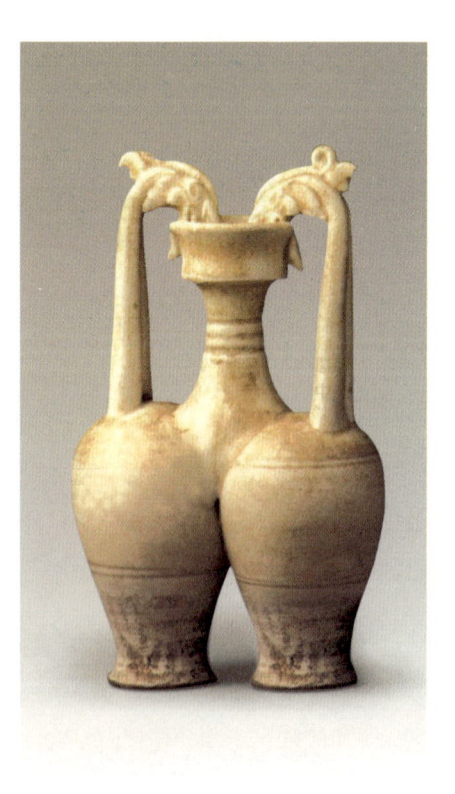

白瓷普遍泛青，说明含铁量偏高，烧制温度偏低，烧制工艺还不够成熟。这件隋代白瓷器，胎、釉已完全不见白中泛青现象，已属于真正意义上的白瓷。天津艺术博物馆珍藏有一件同样形制的器物，底刻有铭文"此传瓶有並"，因此称为传瓶。"有並"意为此瓶瓶身双腹相连，也可理解为此瓶成双。双龙柄壶是在鸡首壶的基础上吸收了外来胡壶的特点，以龙柄代替鸡首，并成为全器最突出的部分，成型工艺复杂。此瓶双腹相连，造型新奇，既具瓷器所特有的浑厚凝重，又不乏灵秀活泼，其线条刚柔相济，是隋代创新的器型，代表了当时白瓷制作的最高工艺水平，堪称隋代白瓷精品。现藏中国国家博物馆。

董钦鎏金铜造像

隋代鎏金铜佛造像。1974年西安雁塔区八里村出土。通高41厘米，座长24.6厘米，宽24厘米。该造像由高足床与其上的一佛、二菩萨、二力士、一香薰和床前的两蹲狮组成。阿弥陀佛结跏趺坐于高足床后正中的束腰莲花座上，手施无畏印和与愿印。头梳高螺髻，面形方正，眉目及髭用墨笔点描，口唇涂红的痕迹隐约可见。外着袒右肩袈裟，内着僧祇支，褶纹简练流畅。脑后有桃形背光，内饰莲花纹，外沿为火焰纹。两胁侍菩萨均头戴高宝冠，着项饰、臂钏，肩披长帛，身饰璎珞，下着长裙，跣足立于莲花座上，脑后有莲瓣形背光。右胁侍菩萨右臂手执莲蕾，左胁侍菩萨右臂自然下垂，手平

董钦鎏金铜造像

托一莲蕾,左手上举,捏一宝珠。两菩萨前站立两跣足金刚力士,均裸露上身,肌肉隆起,瞋目怒视。头戴宝冠,肩披飘带,颈饰项圈,脑后有圆形背光。右侧力士双臂如执剑状,左侧力士若执金刚杵状。正中置一蔓枝莲花装饰的香薰,由一裸体侏儒肩臂托撑。床前有一对蹲狮,昂首扬尾,十分劲健。佛像、莲座、高足床及其他附件均为单独铸造,其间有插榫孔眼相接，可拆卸。在高足床的右侧及背面的边和足上，镌刻着董钦于隋开皇四年（584）造此像的发愿词，计118字。这件造像制作精美，通体鎏金，加之保存完好，因之富丽堂皇，显得华贵无比。此像构思巧妙，造型规整，且附有完整的铭文和准确纪年，也因此成为鉴定此类器物不可多得的标准器，对佛教文化、文物断代和佛教图像学的研究都有十分重要的意义，属国宝级文物。现藏西安博物院。

安备墓石榻

隋代石质葬具。据说为2007年河南洛阳登封安备墓出土。残长152.5厘米，高50.5厘米，厚13.5厘米。汉白玉石棺床。石榻采用浮雕、透雕和贴金彩绘相结合的手法制作。祆教拜

安备墓石榻火坛祭祀图像

火坛祭祀场面应在石棺床前壁下栏之显要位置，图像中央为一个圆形直筒型圣火火坛，整个火坛显得雍容华贵，庞大庄严。火坛侧旁站立祭司两人，两人均为人身鹰腿，面戴长条形口罩，脖子戴坠珠项圈，分别手执长柄法杖伸向火坛覆莲形底座。在两位祭司脚下分别置放一个波斯长颈金银执瓶，另外还各有一个叵罗状的金碗相配。火坛上方左右两边分别有一个飞天，容貌清秀，肌肤莹洁，唇涂朱红。她们手托果盘，衣裙飘飞，显示出"天衣飞扬，满壁风动"的效果。这两个飞天身后皆有翅膀，与犍陀罗地区吸收希腊艺术中的小天使形象相似。

石雕狮子像是棺床石榻下的6个支腿，狮子的眼睛贴金装饰，狮子卷毛勾画红蓝两色纹线，尾巴卷曲上翘，造型栩栩如生。石榻台座边棱装饰有贴金宝装覆莲纹，壁龛内共有盘腿交脚的伎乐人4人，分别弹拨琵琶、吹奏竖笛、手持筚篥、击拍腰鼓，构成一组乐舞演奏图。石榻右边最显著的是一个丰腴健美的舞蹈伎人，体态飘逸自然，风采圆润，动感极强。推测原为围屏石榻，全长应在3米左右，今已散佚。石榻边有嵌入石板内的铁环，估计原有帷帐杆等插套件连接，还有其他反映外来民族活动场面的浮雕石构件可拼合。

安备为入华粟特胡人的后裔，葬于隋开皇九年（589）。安备墓石榻有着祆教圣火崇拜的意味，或可表明他是一个祆教徒。汉白玉石料多出于河北曲阳等地。石榻构图繁复细腻，雕刻丰富精彩，尤其是每幅画面多处贴有金箔，令人感到华贵艳丽，金光耀目，展示出工匠高超的浮雕技艺，代表了安伽墓、史君墓之后祆教艺术的新高峰。现藏西安大唐西市博物馆。

黑釉塔式罐

唐代随葬明器。1972年陕西铜川黄堡镇新村出土。通高51.5厘米。由盖、罐、底座三部分构成。罐盖模拟七重相轮，自上而下，逐层增大，相当于塔刹。其顶端捏塑一屈腿坐猴，手搭凉棚，作眺望状。罐圆唇小口，丰肩鼓腹，下部堆贴双层莲瓣以承。罐座为方形台基，下面设一八边形基座。基座上方四面各堆贴一尊模制的坐佛，四角分别堆贴一昂首翘尾、展翅欲飞的瑞鸟。佛像之下四面各辟一壶门形壁龛，内贴饰一捏塑兽首。佛座四角分别堆贴一捏塑的托塔负重力士。灰褐色胎，坚致，火候掌握到位。釉色乌黑光亮，晶莹温润，施釉到基座上。塔式罐是古代中国与古印度文化交流的产物，是唐时在盛行的佛教影响下诞生的一种新的陶瓷造型。塔式罐模仿塔的形状制作而成，主要用作陪葬的明器。此器物造型奇特，整体比例和谐而富曲线美，装饰纹样丰富，是唐代黄堡窑的一件代表作。现藏耀州窑博物馆。

黑釉塔式罐

"官"字款白釉五双脊瓣花口盘

唐末五代生活用品。1985年西安市北郊火车西站北部的火烧壁村窖藏出土。敞口，尖唇，口稍侈，刻成双瓣花形，花瓣为双脊。折腹，上腹内曲，下腹圆鼓，圈足矮而薄。白胎，胎薄质细，瓷化程度很高。内外施满釉，釉色白中闪青，釉质匀净，光润晶莹，柔和细腻。近足处釉略厚，有流釉"泪痕"，仅足端刮削露胎，圈足粘有砂粒。足心刻"官"字款，为施釉未烧前刻画的。窖藏瓷器发现于距地表60厘米处一灰陶罐，内装瓷器百余件。比较完整的瓷器有52件，其中带"官"字款的白瓷33件。这批"官"字款白瓷除五双脊瓣花口盘外，还有三尖瓣口盘、五尖瓣口盘、五宽瓣口盘、五宽瓣浅口碗、敞口碗等器型，造型精美，制作规整。火烧壁窖藏瓷器一经问世即引起广泛关注，尤其是"官"字款瓷器成为焦点，一般认为是唐末五代河北曲阳的定窑烧造。关于"官"字的含义，说法不一，有人认为其代表官窑；有人认为它表示与"官样"均等，为收取实物税的标准实物样；

"官"字款白釉五双脊瓣花口盘

还有人认为是官府向窑场专门订烧之器。此器花瓣式的口沿配上素白闪青的釉色，显得高雅、素洁，表现了古代工匠极高的艺术造诣。现藏西安博物院。

彩绘釉陶文官俑和武官俑

唐代随葬明器。1972年陕西礼泉烟霞镇马寨村西南的昭陵显庆二年（657）张士贵陪葬墓出土。文官俑高68.5厘米，头戴进贤冠，身穿红色对襟阔袖衫，襟、袖沿饰花边，外套蓝边饰花裲裆，下着白裳，腰束绿带，足蹬黑色高头履，衣、帽边沿均贴金。俑体形高大，双手拱于胸前，仪态儒雅。目光向下，若有所思，肃立于岩座之上。武官俑高72.5厘米。头戴兜鍪，护耳下垂，身穿明光铠，双臂饰虎头披膊，下着红色战袍，长垂脚面，足蹬黑色圆头靴。通体有精心设计的图案花饰，多处贴金。双手握举体前，作持兵械状，立于岩座上，蹙眉瞪眼，双唇紧闭，仪态英武威严。这两件俑皆为白色高岭土胎质，外施黄釉，釉上彩绘贴金。该工艺将釉陶和彩绘贴金工艺融为一体，开唐三彩工艺的先河。两俑形体高大，做工精细，形象生动，栩栩如生。文官俑、武官俑的眉毛、胡须都是一根一根画上去的，服饰图案描绘细腻，色彩鲜艳。他们的背影比较饱满写实，有很强的立体感。两俑的服饰样式、色彩搭配以及人物气质都被注入了当时社会流行风尚的诸多元素，体现出一种自信、豪迈的大唐气象，具有极高的艺术观赏性和丰富的历史考古价值。这组官俑属国宝级文物。现藏昭陵博物馆。

彩绘釉陶文官俑和武官俑

三彩骆驼载乐俑

　　唐代随葬明器。1959年西安市西郊中堡村唐墓出土。高58厘米，长41厘米。骆驼引颈长嘶，驼背上的驮架为一平台，铺有色彩斑斓的毛毯，上载8名或坐或站的伎乐。其中7名男乐俑头戴幞头，身着圆领袍服，手持笙、琵琶、排箫、拍板、箜篌、笛、箫等乐器，面朝外盘腿坐着演奏。一位体态丰盈的女子站于乐师之中，头梳乌蛮髻，身穿高腰长裙，载歌载舞。

三彩骆驼载乐俑

施蓝、绿、黄等色釉，色调丰富绚丽。唐代工匠用浪漫的艺术手法将舞台设置在驼背上，可谓匠心独具。唐代国力强盛，文化兼容并包，加之陆、海丝绸之路的畅通，使得长安成为人文荟萃、万方辐辏的国际大都会。胡人带来的异域音乐和舞蹈成为一时之风尚，能歌善舞的艺人在首都长安这个大舞台上，尽情演绎着对太平盛世的赞美和对美好生活的追求。

这件载乐伎骆驼俑表现了一支驼上乐队，乐师们神情贯注，舞女自信优雅，把人们带到美妙的乐舞之中，将异域文化色彩与盛唐气象融为一体。陶塑艺术精湛，骆驼健壮，人物表情丰富，形象逼真，为研究盛唐雕塑艺术、音乐舞蹈、人物服饰提供了宝贵资料。同样题材的三彩骆驼载乐俑还在西安开元十一年（723）鲜于庭诲墓出土，骆驼上载5名伎乐，皆为男性，塑造出胡汉乐师同场表演的景象，与这件文物造型有异。此俑体形硕大，色彩艳丽，制作精美，造型在三彩器中极为罕见，属我国第三批禁止出国（境）展览的国宝级文物。现藏陕西历史博物馆。

三彩梳妆女坐俑

唐代随葬明器。1955年西安东郊王家坟90号唐墓出土。高47厘米。女俑头梳单刀半翻髻，柳眉眯眼，粉面朱唇，身形丰润。左手握铜镜（已残），右手似正往额上贴饰"花黄"，双足下垂，坐在筌蹄（束腰形座墩）上。她身穿酱色袒胸窄袖短襦，外套乳白底绿色宝相花纹的半臂，下着白色柿蒂纹绿底裥裙，裙下微露红色云头履。裙腰高束，褐色裙

三彩梳妆女坐俑

带在胸前系一花结，飘然下垂。筌蹄上饰蔓草及宝相花，做工考究。从俑的神态和装束看，不像侍女，可能是贵妇，有人甚至认为此俑是该墓墓主人的形象。在唐代，此类梳妆俑所着之袒领，多为宫廷嫔妃、歌舞乐伎穿着，此种装束风靡一时。如方干《赠美人》的"粉胸半掩疑晴雪"，欧阳询《南乡子》中的"二八花钿，胸前如雪脸如花"等诗词都似描写的是此种装束。襦裙装最大特点是裙腰高束，上配短小襦衣，使体态显得苗条而修长。这件三彩梳妆女坐俑雍容的气质、丰腴的体态、华美的服装集中体现了唐代人的审美意识。现藏陕西历史博物馆。

三彩插梳女立俑

唐代随葬明器。1959年西安市西郊中堡村唐墓出土。高44厘米。女俑头梳乌蛮髻，抛髻分作双瓣，发髻上原饰有金色的花钿，脑后发髻上还画着一把插梳。女俑上身着黄绿斑斓的交领窄袖襦，下着黄色高腰曳地长裙，蓝色披帛飘逸，体前刻出长垂的裙带，裙下露出轻巧的蓝色翘头履。女子双眼微眯，樱桃小嘴，脸庞丰润，侧首微抬，面带笑意，双手合抱腹前，站姿优雅。花钿是用金银铜等金属材料制成的

三彩插梳女立俑

花朵形装饰物。唐代发髻装饰花钿颇为流行，诗人白居易《长恨歌》中提及杨贵妃"云鬓花颜金步摇""花钿委地无人收"的诗句就是很好的例证。头上插梳是唐代妇女装饰头发的一种时尚手段，敦煌壁画、唐代绘画中也有女子头发插梳的形象，而且梳子多少不一，但是在陶俑发髻上表现出梳子的现象还不多见。与初唐时期女性清秀、苗条的形象不同，盛唐女性的审美观发生了变化，喜欢丰满、圆润的体态。丰腴雍容中的雅致是盛唐女性所独有的。这件女俑面相丰腴而体态修长、健美，并不臃肿。釉色光鲜亮丽，出现氤氲的黄、绿釉，大量施用蓝釉。综合造型和施釉特征，判断此俑大致为开元前期的作品。其造型生动细腻，真实展现了盛唐女性的风采。现藏陕西历史博物馆。

三彩腾空骑马俑

唐代随葬明器。1966年西安市莲湖区制药厂唐墓出土。通高38厘米，长52厘米。马四蹄腾空，呈奔驰状，如风驰电掣，动感极强。马为唐代骏马形象，两耳上竖、剪鬃、短缚尾、身形矫健，马施棕色，鼻上、剪鬃、短尾、四蹄泛白。前躯白地流淌黄褐釉，后背白地黄褐斑纹，贴饰蓝色辔头、攀胸、鞦带，黄色鞍，鞍下垫有深褐色韂。骑者为一英姿飒爽的胡人少年，身着蓝色圆领长袍，腰束带，左侧挂一圆形鞶囊，足穿乳白色尖头靴。头发中分，两侧梳双髻，并以发辫系结于脑后。圆脸，深目，大鼻，面带微笑。衣袖上挽至

三彩腾空骑马俑

肘处，露出强健的肌肉。脸向左侧视，身体微前倾，坐于鞍鞯上，作牵缰策马状。身后搭一白、黄、褐三色相间的驼囊。此俑造型逼真，动感极强，洋溢着劲健之美，色彩饱满自然，为唐三彩中精品，属国宝级文物。现藏西安博物院。

白玉忍冬纹八曲长杯

唐代饮器。1970年西安市南郊何家村唐代窖藏出土。高3.8厘米，口长径10.1厘米、短径5.5厘米，足长径5.1厘米、短径2.1厘米。玉杯以和阗白玉制作而成，玉质莹润，局部微泛黄。杯口平面呈八曲椭圆形，对应着杯身的4道纵向弧线，外腹壁装饰有尖叶忍冬纹，下附椭圆形矮圈足。多曲长杯属波斯萨珊风格，在7世纪后半叶的唐朝流行。初唐时期的墓葬壁画中就有这种八曲长杯的形象。唐代、五代文献中有"持酒船唱令""连饮三银船"的说法,所指当为八曲杯,因其略近船形而称之。李白诗中"葡萄酒,金叵罗"中的叵罗或为纯金和鎏金的多曲长杯。此玉杯应为唐朝工匠仿波斯萨珊风格作品。器形保持了美丽曲线,但不像大多数萨珊器那样有极其夸张的凸鼓,分曲形成的棱线大大淡化,显得轻松活泼。现藏陕西历史博物馆。

白玉忍冬纹八曲长杯

镶金兽首玛瑙杯

　　唐代酒具。1970年西安市南郊何家村唐代窖藏出土。高6.5厘米,长15.6厘米,口径5.6厘米。杯身由红、棕、白三色相杂的缟玛瑙雕琢而成,形状像角杯。下端雕刻成兽首,乍看似牛,兽首上却有两只弯曲的羚羊角,嘴部有金盖帽,雕刻成兽嘴形。双目圆睁,刻画生动逼真。玛瑙杯配上纯金兽嘴,显得富丽堂皇。这种造型的玛瑙杯在中国绝无仅有。其内部有流与杯腔相通,可用来饮酒。此杯造型来自西方,希腊人称为"来通"。饮酒时,酒从下端的流注入饮者口中。关于这件器物的产地和年代,存在很大争议:国外有学者以为其接近托勒

镶金兽首玛瑙杯

密埃及王国时的玛瑙来通,为公元前2世纪之物;我国一些学者否认上述说法,认为它是唐人在8世纪前期仿粟特式来通制作的;还有一些学者推测它为萨珊波斯的制品,年代大致在公元4世纪前后。总之,这是一件研究唐代社会中外交流的珍贵实物,属我国首批禁止出国(境)展览的国宝级文物。现藏陕西历史博物馆。

玉梁金筐宝钿真珠蹀躞带

唐代带饰。1991年西安市长安县(今长安区)南里王村唐窦皦墓出土。复原长度1.5米。由4件圆首矩形銙、8件圆形带銙、1件圆形偏心孔环、1件忍冬形蹀躞带饰和1件玉带扣组成,为革带装饰。圆首矩形銙长8厘米,宽3.5厘米,厚1.2厘米;圆形宝钿銙直径3厘米,厚1.2厘米。

蹀躞带饰上节长6厘米，宽4.2厘米，厚0.8厘米；下节长8.2厘米，宽6厘米，厚0.8厘米；玉带扣长径4.8厘米，短径3厘米，厚0.6厘米，扣针长3厘米。玉带表面皆以青白玉为框，在唐代文献中称为玉梁。框内为"金筐宝钿真珠装"，以玉为缘，下衬金板。环銙下均以鱼子纹为底，环中饰折枝忍冬纹，銙中饰团花，两侧各饰一组折枝忍冬。铊尾亦饰团花及折枝忍冬纹。金筐嵌以珍珠及红、绿、蓝三色宝石。玉质温润，制作考究，豪华富丽，令人叹为观止。唐制规定，文武三品官以上佩玉带，四、五品官佩金带，六、七品官佩银带。这是迄今为止所发现的唯一完整的玉梁金筐宝钿真珠装蹀躞带。现藏陕西省考古研究院。

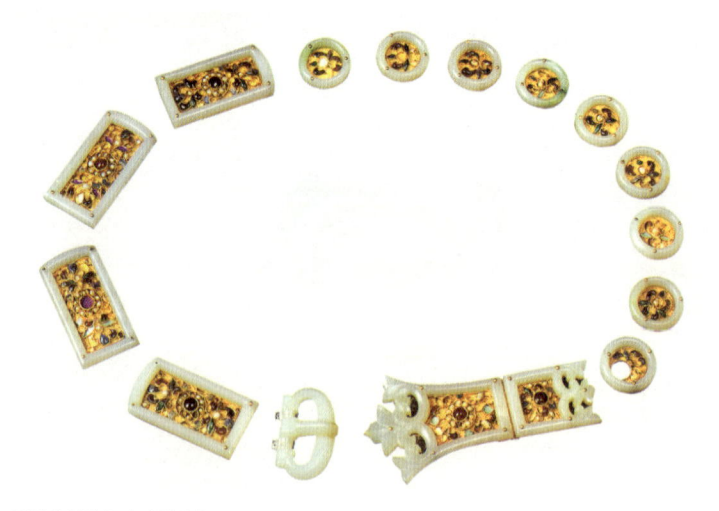

玉梁金筐宝钿真珠蹀躞带

景云钟

　　唐代道观名钟。通高247厘米，腹围486厘米，口径165厘米，重约6吨。因原为景龙观而作，故名"景龙观钟"。开元以后改景龙观为"迎祥观"，又称"迎祥观钟"。因钟铸于景云二年（711），又称"景云钟"。钟为铜、锡合金，铸模共分5段26模，钟体可见铸模痕迹。钟形上锐下侈，口为六角弧形。钟身有可调节音律的蒲牢形钟乳32枚。钟身周围铸有精美的纹饰，可分为3层，每层用蔓草纹带分为6格，共18格。格内分别铸有飞天、翔鹤、走狮、腾龙、朱雀、独角独腿牛等图案，四角各有4朵祥云。钟身正面铸铭文一段，共18行，行17字，计292字，由唐睿宗李旦撰文并书写。铭文内容为宣扬道教教义，阐述景龙观的来历、钟的制作经过以及对钟的赞扬。此铭字体为稍参篆隶的楷书，是传世极少的李旦珍贵书迹，为研究书法史者所珍视。景云钟原在唐长安城内景龙观钟楼上，明初移至西安钟楼用以报

景云钟

时，后移至西安碑林。景云钟铸工技巧娴熟，雕工精致，钟声洪亮优美，显示了唐代高超的冶铸技术，属我国首批禁止出国（境）展览的国宝级文物。现藏西安碑林博物馆。

鎏金铁芯铜龙

唐代工艺品。1975年西安草场坡出土。高34厘米，长28厘米。龙体为铜质，铜内包铁芯，表面通体鎏金。龙整个身躯呈"S"形，大头细颈，腹胸硕壮，龙首高昂，3根长角紧贴头顶向后伸展，双目圆睁，龙嘴大张，锐利的牙齿和卷曲上翘的长舌赫然可见。前腿蹬地，

鎏金铁芯铜龙

前爪弯曲，肢爪骨节清晰，质感极强。下腹、后肢与细长尾反折，高耸于龙头上方，背上的两朵祥云使龙体呈腾云驾雾之势。整条铜龙身形流畅，极富动感，体现出唐代龙的生动美与气势美，无论从造型艺术还是制作工艺角度，均称得上罕见的艺术珍品。在唐代，龙还不完全是皇家专用图案和标志，因此唐代工匠在塑造刻画龙时，主要是从艺术的角度，表现得

劲健有力、器宇轩昂，而不是强调龙的威严、狰狞。与何家村窖藏出土的12件小金走龙相比，更富动态美。西安东郊郭家滩出土的金龙表现出身躯舒展、如行云流水般的飞行姿态，尚不足为奇，而这件鎏金铁芯铜龙无论体量、动态皆不同凡响，表现出令人震撼的艺术效果。现藏陕西历史博物馆。

金银平脱四鸾衔绶纹镜

唐代生活用具。1956年西安市东郊韩森寨出土。直径22.7厘米。圆形，圆纽，圆纽座，纽座周围饰银片莲叶、莲花及莲蓬纹。在两圈金丝同心结纹之间，配置4只以金片刻镂成的口衔绶带、同向飞翔的鸾鸟，其间饰4组银片带叶花朵。这件铜镜采用了金银平脱的特殊工艺，将金箔或银箔修剪錾刻成所需要的纹样，然后粘贴在镜背上。髹漆数重，待漆干后再打磨抛光，露出金银纹样。金银饰片在黑色漆底的映衬下显得华丽夺目，形成富丽堂皇的装饰效果。金银平脱镜以鸾凤为主题纹饰，在唐人诗作中也有所反映。

金银平脱四鸾衔绶纹镜

王建诗"嫁时明镜老犹在，黄金镂画双凤背"中所说的"黄金镂画"，应是金银平脱技法。古人认为鸾鸟是吉祥鸟，而"绶"与"寿"同音，鸾鸟衔绶蕴含着幸福长寿之意，而环绕的同心结则寓意爱情，表达了人们对美好生活的向往和祝愿。现藏陕西历史博物馆。

鎏金舞马衔杯纹银壶

唐代酒器。1970年西安何家村唐代窖藏出土。口径2.3厘米，腹长径11厘米，通高14.8厘米。其造型模仿我国北方游牧民族常用的皮囊壶形状，壶身为扁圆形，上方有弧状提梁和竖筒状小壶口，覆莲瓣纹壶盖。盖顶铆有一银环，环中所套银链与提梁相连。银壶腹部两侧各饰一匹奋首鼓尾、衔杯前拜的舞马，圈足与腹部相接处有绳索纹边饰。银壶出土时外底尚有墨书"十三两半"，现已全部脱落。这件壶为盛酒器，造型独特，在唐代金银器中尚属孤例。它既便于皇家贵族外出游猎携带，又便于日常生活使用。银壶通体经抛光处理，银光锃亮，而舞马、壶盖及提梁等鎏金，富丽堂皇，充分展示了大唐文化的辉煌灿烂，也是唐王朝与北方游牧民族文化交流的物证。唐代的马不仅广泛地用于战争、交通、运输、驿传，还大量用于宫廷贵族的游猎活动，其中最为引人注目的是玄宗时期的舞马。每年的八月五日唐玄宗生日（即千秋节）那一天，朝廷都要在兴庆宫的勤政务本楼前举行盛大的庆祝活动。在乐曲声中，舞马应节翩翩起舞。诗

鎏金舞马衔杯纹银壶

人张说形象地咏叹出舞马"足踏天庭鼓舞,心将帝乐踌蹰""屈膝衔杯赴节,倾心献寿无疆""更有衔杯终宴曲,垂头掉尾醉如泥"的场景。银壶上的舞马形象,表现的正是衔杯祝寿的生动画面。该银壶为我国首批禁止出国(境)展览的国宝级文物。现藏陕西历史博物馆。

镂空飞鸟葡萄纹银香囊

　　唐代熏香用具。1970年西安何家村唐代窖藏出土。直径4.7厘米,链长7.4厘米。香囊器形十分精巧别致,球形体,外壁镂空刻花,饰飞鸟葡萄纹。分为内外两层:外壁为两个半球体,用子母口扣合;内层是纯金打制的半球体香盂。中间以短轴铆接两重双轴相连的同心圆机环。外壁上接链条和挂钩,既可悬挂在室内,又可佩带在身上。过去按其形状和用途,称其为"熏球"或"熏炉"。根据法门寺唐代地宫出土的《衣物帐》石碑记载，可知这种熏香器物的名称应是"香囊"。

唐代流行用金属制作香囊，为上流贵族妇女所使用。杨贵妃改葬开冢时发现，"肌肤已坏，而香囊仍在"，其身佩香囊应是金属制作的。

另外香囊还可用于佛事，将佛经存放在香囊之中，随身携带，以消灾辟邪。使用时，无论外层球体如何转动，内部的香盂始终重心向下，保持平衡状态，火星和香灰不致于外溢。

镂空飞鸟葡萄纹银香囊

唐代银香囊内的持平环装置技术完全符合现代陀螺仪原理，这一原理在西方是近代才发现并广泛用于航海、航空等领域的。而在唐代，这种结构的器物已经被做得如此精美，并被用于日常生活之中，令人称奇。现藏陕西历史博物馆。

伎乐纹八棱金杯

唐代酒具。1970年西安何家村唐代窖藏出土。口径7.2厘米，高6.4厘米。杯体八棱形，侈口，器壁略有束腰，腹下有横折棱，下接八棱形圈足，底呈喇叭状，足底为一圈联珠。由联珠组成环形把，上部有指垫，指垫上錾刻两个相背的胡人头像。杯体八面内各装饰一个高浮雕伎乐人物，外有高起的联珠纹界栏相隔。8位男女乐工分别演奏竖箜篌、曲颈琵琶、排箫、鼓、螺等，其形象和服饰均无中国传统风格，散发出浓郁的异域风情。与捶揲成型的唐代八棱银杯相比，杯身厚重，推测可能是铜胎或铜合金铸造成型，再通体鎏金。八棱形的带把杯本是粟特银器的典型造型。粟特人居住在东西方交往十字路口的中亚地区，素以善于经商和手工业发达而著称于世。北朝隋唐时期，被称为"昭武九姓"的粟特人沿丝绸之路往来贸易，亦留下一些粟特人内迁的活动遗迹。在唐都城

伎乐纹八棱金杯

长安，也有粟特人聚居。这件带把杯无论造型还是装饰风格都有着浓郁的粟特器物风格，可能是一件外来输入器物或粟特工匠在中国制造的，制作年代当在7世纪后半叶或8世纪初。现藏陕西历史博物馆。

鸳鸯莲瓣纹金碗

唐代饮食器。1970年西安何家村唐代窖藏出土。其一口径13.7厘米，高5.5厘米；另一口径13.5厘米，高5.6厘米。两碗造型、纹饰均相同。纯金质，捶揲制作。大口外侈，弧腹，圜底，喇叭形圈足。器壁饰上、下两层外凸的莲花瓣纹，每层10片，上下叶瓣相接。莲瓣上皆錾刻有装饰图案。上层主题是动物纹，有鸳鸯、野鸭、鹦鹉、狐狸等，下层是单一的忍冬图案。外壁通体以鱼子纹为地，空白处装饰云纹、飞

鸳鸯莲瓣纹金碗

禽和折枝花，圈足底饰一周联珠纹。造型饱满庄重，装饰富丽华美，是西方金银工艺与东方审美情趣完美结合的佳作。两碗内壁分别墨书"九两半""九两三"，应是碗的重量。从制作工艺上看，金银器皿壁面捶揲出凹凸起伏的多瓣装饰，最早起源于公元前6世纪地中海沿岸的古希腊、古罗马，后来西亚和中亚的金银器制作继承了这一工艺造型。唐代随着大量工艺精良的西方金银器的传入，尤其是许多粟特金银工匠进入内地，中国金银器皿也接受了这种凹凸多瓣的风格，并添加糅合了中国传统美学的一些元素，如改变了西方银器中过于夸张的造型，使线条显得柔和流畅，在装饰上也采取了西方银器很少见到的外表通体装饰的手法，呈现出浓郁的中国本土特征。这两件金碗流畅的莲瓣、稳重的双重结构和华丽的纹饰，是典型的唐代艺术风格，是唐代中西文化交流与唐人对外来文明的融合创新之作。现藏陕西历史博物馆。

鎏金鹦鹉纹提梁银罐

唐代药具。1970年西安何家村唐代窖藏出土。通高24.2厘米，口径12.4厘米，底径14.3厘米。带盖，盖为覆扣的侈口碗形。大口，短直颈，鼓腹浑圆，喇叭形圈足。提梁插在焊接于罐肩上的两个葫芦形附耳之内，可以来回活动。整器采用钣金成型，平錾花纹，纹饰鎏金。器身满饰珍珠地纹，罐腹用折枝花围合成4个圆形图案——其中两个以鹦鹉为中心，分饰于罐腹两面；另两个以鸳鸯为中心，分饰于罐腹两侧。

鹦鹉纹提梁银罐

余白填以单株折枝，颈与圈足饰以类似海棠的四出花瓣。盖心饰宝相团花一朵，周围饰葡萄、石榴、忍冬、卷草纹，提梁上饰菱形图案。盖内墨书两行"紫英五十两""白英十二两"。从这件银罐盖内墨书看，当为盛放炼丹药物的器具。纹饰整体布局采取了分单元的方式，留出较多空白。折枝花纹阔叶大花，这些都是8世纪中叶以后更流行的做法。折枝花纹中各饰一欲飞的鹦鹉和鸳鸯，其中鸳鸯嘴衔折枝花。

鹦鹉纹饰的突然流行，有深刻的历史背景。由于唐代达官贵人喜欢蓄养鹦鹉，因此常被各地作为"土贡"进献。伴随唐帝国影响远播，天竺、波斯、林邑等国也曾向唐廷进献鹦鹉。鹦鹉与鸳鸯、鸾凤、鱼、蝴蝶、鸿雁等吉祥纹样共出，且多成对出现，应包含了吉祥、圆满的意味。"平旦鹓鸾歌舞席，方宵鹦鹉献酬杯"，唐诗中大量的歌咏正包含了这种意义。

鹦鹉纹提梁银罐集钣金、錾刻、鎏金、焊接、切削等多种工艺于一体，代表了唐代金银器手工技艺的杰出成就。其造型丰圆大气、纹饰富丽繁缛，再现了盛唐气象。现藏陕西历史博物馆。

"都管七个国"银盒

　　唐代用具。1979年西安交通大学校园出土。由3件大小不一的银盒套装而成，从外到内分别为"都管七个国"六瓣银盒、鹦鹉纹海棠形圈足银盒和龟背纹银盒。大盒直径7.5厘米，足径6厘米，高5厘米。中盒长径6.4厘米，短径4.9厘米，足径3.5~5厘米，高3.4厘米。小盒长径4.7厘米，短径3.7厘米，高2.3厘米。

　　"都管七个国"六瓣银盒盒身呈六瓣状，盖面隆起，子母口，盒面中部为弧六边形，底部平坦，有喇叭形六瓣高圈足。鱼子纹地，纹饰鎏金。盖面正中六边形加上周围六瓣，可分7个部分。正中六边形内，中有一人骑象，上配鞍鞯，

"都管七个国"银盒

后有手执华盖者，前有一人托举一盘，上置一瓶，作奉献姿态，表示了骑象者身份之高贵；象右侧一人站立，左侧一人随行，一人就地而坐。榜题有三：最左侧为"都管七个国"，左上方有"昆仑王国"，下方有"将来"二字。从"昆仑王国"右侧起，顺时针排列有婆罗门国、土吐番（蕃）国、疏勒国、高丽国、白拓囗国、乌蛮人诸国榜题及图像。

银盒六瓣盖和底皆以缠枝卷草纹为背景，分别錾刻十二生肖，另附錾文"子时、半夜""丑时、鸡鸣""寅时、平旦""卯时、日出""辰时、食时""巳时、禺中""午时、正中""未时、日昳""申时、晡时""酉时、日入""戌时、黄昏""亥时、人定"。鹦鹉纹海棠形圈足银盒，海棠形盒身，盖面隆起，子母口，海棠形喇叭圈足。盖面正中为首尾相向飞行的鹦鹉一对，纹饰鎏金。龟背纹银盒为四曲龟背形，盖面上鼓，錾出龟背纹，底平坦。

根据形制、纹饰等分析，"都管七个国"银盒应是唐代后期作品。盒内装有水晶珠两颗与褐色橄榄形玛瑙一颗。其用途，或以为与西安何家村窖藏的容器功能相同，为盛装药材所用，或以为盛装珠宝所用，亦有认为瘗埋舍利所用。

银盒出土地点原为长安道政坊，北距兴庆宫遗址不到百米。日本学者认为它们是一组舍利容器，应出自唐大历四年（769）所立的宝应寺范围内一处塔基地宫遗址。银盒上的图案及錾文为研究唐朝对外交往提供了可靠的实物资料。3个银盒造型优美、錾刻精巧，具有独特风采，为唐代银器中的精品。现藏西安博物院。

金棺银椁

唐代佛教舍利瘗埋用具。1985年西安临潼庆山寺塔基地宫出土。高28厘米,长23.4厘米,宽17厘米。由金棺、银椁和须弥座组成。棺为鎏金铜质,盖顶前高后低,下有长方形镂空座。盖顶中央粘贴鎏金宝相花,四周饰珍珠小团花。两侧及前后挡皆以珍珠堆砌团花,并粘有绢叶。棺首粘有一对鎏金护法铜狮。盖周四缘悬垂以铜丝串成的宝石挂件。棺内原铺盖有锦裘,内藏两个带有铜莲座的绿玻璃瓶,内盛舍利。银椁形制与金棺相同,椁下方配有束腰须弥座。银椁盖中央贴鎏金白玉宝蕊莲花,以玛瑙珠为蕊心。玛瑙珠上以粗银丝做成塔刹的螺旋,白玉宝蕊莲花周围为4朵宝石镶嵌的团花,团花上也用粗银丝做成塔刹的螺旋。椁盖四角有用珍珠贴成的团花,四周边缘悬垂以珍珠串穿的流苏。椁首刻出门形,门扉各贴一身鎏金菩萨,尾端贴摩尼宝珠,椁的两侧面各贴有5个鎏金罗汉。座四周作壸门,上围以镂空栏杆,周围以珍珠花蕊的鎏金铜花装饰数圈。庆山寺是唐代昭应地区(今西安临潼)十院十七寺中一座著名寺院,建成于唐玄宗开元二十九年(741)。其安葬舍利的塔当时自名为"上方舍利塔"。塔虽然毁于唐武宗灭法之年,但塔下地宫仍存。成套的金棺银椁放置在雕刻极其精美的石质宝帐中,宝帐前面及两侧还供放了许多精美的供养品,说明当时安放舍利的礼仪极为隆重。自唐代武则天时期开始,瘗埋舍利制度发生重大变革,正式出现地宫,开始使用中国式的金棺银椁装盛舍利。庆山寺金棺银椁在制作上也极尽工艺之能事,综合运用了捶揲、铆合、掐丝、焊接、镶嵌、镂刻等技法,在表面装饰出色彩斑斓的花朵、形态各异的罗汉、庄重的菩萨、威严的狮子等,玲珑剔透,精美绝伦,被誉为"稀世罕见之瑰宝,千年文物之精华"。现藏临潼区博物馆。

佛指舍利

佛教圣物。1987年陕西扶风法门寺塔基地宫发现。真身舍利高3.89~3.94厘米,大端长短径1.89~2.05厘米,小端长短径1.81~1.93厘米。舍利为梵语音译,意为"尸骨",指死者火化后的残余骨烬。法门寺地宫中共出土4枚佛指舍利,其中1枚为真身舍利,其余3枚为影骨,即佛家为了保护真身和供人供养而制作的影射之骨,系仿制品。真身舍利为一段管状骨,供养于地宫后室北壁秘龛内的盝顶铁函内,内置鎏金金刚界大曼荼罗成身会造像银宝函,函上刻"奉为皇帝敬造释迦牟尼佛真身宝函"字样,外底錾刻"大唐咸通十二年十月十六日遗法弟子比丘智英敬造真身舍利宝函永为供养"。其内依次置有银包镶四角的漆木函、嵌宝水晶椁子、壸门座玉棺,佛指舍利即装于玉棺中。按照出土顺序,此为第三枚佛指舍利。安置佛指舍利的容器采取了各不相同的组合方式。第一枚供奉于地宫后室,由唐懿宗

佛指舍利

供奉的八重宝函盛放。第二枚供奉于地宫中室的汉白玉石灵帐内，第四枚供奉于地宫前室的汉白玉阿育王塔内。法门寺是中国历史上最著名的释迦牟尼真身舍利供养圣地之一。传法门寺塔地宫30年一开，开则岁丰人安。佛指舍利被迎奉出地宫而现于世者有9次，其中第一次在西魏恭帝二年（555）时，岐阳郡守拓跋育"初启塔基"。第二次迎奉在隋文帝末年。唐太宗贞观年间，也曾开塔出示舍利。此后高宗、武则天、肃宗、德宗、宪宗和懿宗共6次在宫廷举行了盛大的迎奉佛骨活动。法门寺唐代地宫分前、中、后三室，是按照帝王等级建造的，封闭于咸通十五年（874）。随同佛指舍利供奉的，还有皇帝、皇后、王公贵族及高僧大德赐赠的金银器、琉璃器、丝织品、法器和宝函等。佛指舍利作为佛教最崇高的象征，受到佛教徒的顶礼膜拜。现藏扶风法门寺。

石犀

唐代陵前石像生。原在陕西三原唐高祖献陵南门神道前，1960年入藏陕西省博物馆。原物为一对，此为其中之一，高238厘米，长357厘米。唐贞观九年（635）刻。身躯健壮，披鳞甲，头刻一角，双目有神，四肢粗壮有力，立于石踏板之上。犀牛原本产于南亚及非洲一带，汉、唐之时，域外曾有进献。据说唐代工艺大师阎立德担任山陵使，奉命为唐高祖营造献陵，雕刻石犀，置放在陵前，作为纪念装饰，以显示大唐国力的强盛。这件比实物还要大的犀牛石雕，是由重约10吨的整块巨

石犀

石雕成，异常高大，巍然屹立，似乎能给人以很大的威慑力。在雕刻手法上，雕刻者运用高度的艺术概括力，着力表现出犀牛躯体硕壮、四肢坚实有力的特征。全身只用几条粗壮的线条勾勒出犀牛皮坚厚的质感，既写实又富于装饰性。特别是周身细线鳞纹刻画得真实生动，使这个庞然大物在形体笨重中显露出皮毛粗厚的纹理。石犀右前足的底板上，刻有铭文数字，已漫漶不清，现尚留"□祖□远之德"字样，似应为"高祖怀远之德"。此石犀造型独特，形象生动，是反映中外文化交流的一件重要文物，属国家级文物。现藏西安碑林博物馆。

昭陵六骏

唐代陵前石刻。原置于陕西礼泉昭陵玄武门内祭坛两侧东西两庑，共6件，分别名为飒露紫、拳毛䯄、白蹄乌、特勒骠（又称特勤骠）、青骓、什伐赤。刻于高175厘米、宽205厘米

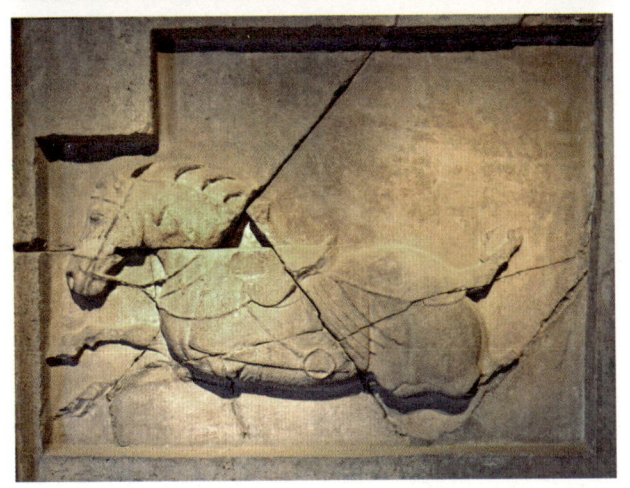

昭陵六骏之青骓、白蹄乌

的6方石屏上。唐太宗贞观十年（636），为纪念并彰显自己的开国功绩，在昭陵安葬文德皇后长孙氏后诏令雕刻。由山陵使阎立德统领、大画家阎立本绘制图形，选良匠雕琢于青石屏上。镌刻太宗在平定天下、创建大唐的征战中所骑乘的6匹骏马形象，置于陵前。每屏上方一角刻唐太宗亲题赞语，由欧阳询书丹。高宗时，又令殷仲容用八分隶书分别在屏座上书丹了马名及赞语。

飒露紫是与王世充在洛阳作战时的坐骑，这是昭陵六骏里画面保存最为完整的一件，描绘的是一位将军为马拔箭的情景，此人正是跟随李世民征战的丘行恭。这也是六骏里唯一一件有人像的作品。拳毛䯄是平定刘黑闼时的坐骑，马呈行进状，身中九箭。白蹄乌是平薛仁杲时的坐骑而雕，马呈奔驰状，原石泐损较重，断裂为数块，马前腿残，后腿缺失不存。特勒骠是与宋金刚作战时的坐骑，马呈扬蹄行走状，原物断裂为数块，自马腹部从上至下裂隙较宽，四腿皆有残。什伐赤是平王世充、窦建德时所乘坐骑，马呈疾驰之状，后蹄朝天，腾跃如飞，身中五箭，前一后四。青骓是平窦建德时的坐骑，马四蹄腾空，亦呈带箭飞奔状，其中一箭从背后射中，泐损稍重，马脖颈连马背处缺失，前后右腿残损。

飒露紫、拳毛䯄于1914年被盗卖至国外，现存于美国费城宾夕法尼亚大学博物馆，其余四骏在1917年盗运过程中被截获，先存于当时陕西省图书馆，后移至西安碑林。

六骏三匹奔驰、两匹行进、一匹站立，皆体态健硕，生动刻画出马的筋骨、雄姿与个性。据研究，六骏大都来自突厥或突厥汗国控制下的西域等地，其中至少有四骏属于突厥马系中的优良品种。昭陵六骏是用浮雕形式刻上去的，线条简洁有力，手法浑厚，姿态神情各异，形象栩栩如生。昭陵六骏在品类、造型及题材上独具一格，既不取生前仪卫之形，也不用祥瑞、辟邪之意，所有石刻都写实，是富有政治意义的不同凡响之作。昭陵六骏中的四骏现藏西安碑林博物馆，是我国第三批禁止出国（境）展览的国宝级文物。

顺陵走狮

唐代陵前石像生。位于陕西咸阳渭城区底张乡陈家村武则天之母杨氏顺陵南门外。共2只,雌雄各一。此为其中雄狮,高3.05米,身长3.45米。石狮躯体巨大,昂首挺胸,肌肉隆起,足爪锋利,怒目圆睁,张口露齿,四腿粗壮如柱,下连长方形底座,呈阔步行走状,气势威猛超常。女皇武则天改唐为周,登上皇位。为彰显女皇权威,诏令追尊其母墓为"顺陵",并特意在其母墓前置放超出常制的大型石像生。这批威猛的石像生象征着墓主崇高的地位,担负着守护陵墓的职责。它不仅反映了大唐的强大国力,也充分显示出雕刻匠师的才能和魄力。其中雌雄两走狮的体量比同陵蹲狮更为高大凶猛,似乎有着威震寰宇、昂首天外的雄风。雕工们运用了比雕刻蹲狮更为夸张

顺陵走狮

的表现手法，使之显得肌肉膨胀，气势雄迈，具有一种震慑人心的强大力量。此件石雕，体量之大，雕刻之精，堪称唐陵石刻中的巨制佳作。现原址保存，由咸阳市顺陵文物管理所保护。

贞顺皇后墓石椁

唐代石质葬具。西安市长安区大兆庞留村敬陵出土，又称为敬陵石椁、武惠妃墓石椁。敬陵于2004年遭盗掘，石椁被走私到美国，2010年追索回国。石椁为青石质，高2.45米，长3.99米，宽2.58米，总重量约26吨。墓主人武惠妃（699—737）是唐玄宗李隆基的宠妃，死后被追封为贞顺皇后，开元二十五年（737）葬于敬陵。

石椁形制为庑殿式，面阔3间，进深2间。由椁顶、椁室、基座三部分组成，共计31件石构件。椁顶由5块石料组成，浮雕脊瓦。椁室由10块壁板和10根倚柱组成。基座由6块长方形石材组成。石椁整体综合采用了减地浅浮雕、线刻和彩绘等装饰工艺，在立柱、壁板内外壁及基座立面上满布图案。石椁内顶残留少量彩绘的仙鹤和祥云图案，其余皆为减地浅浮雕和线刻纹饰，显得富丽堂皇，雍容华贵。

椁门位于石椁东面的中央，原为饰金色门钉的朱门。两侧分置直棂窗，施绿彩。石椁内壁满刻10幅屏风式人物画，共21个仕女形象。这些女性仪态端庄、雍容华贵，形象栩栩如生，集中体现了盛唐女性之美。外壁板上部为连续式缠枝莲花童子纹饰，下部为形象各异的胡人牵兽图。立柱上以飘

贞顺皇后墓石椁线刻仕女图

逸的蔓草为底纹，其上线刻胡人伎乐、迦陵频伽、飞廉、飞马、飞凤等纹饰。基座壶门上雕饰异兽。图像融合了多重装饰母题，蕴含波斯、粟特、希腊等多种文化元素，隐藏着极为复杂的历史文化信息。纹饰布局合理，技法娴熟，题材丰富，纹饰单元之间联系紧密，堪称盛唐时期石刻艺术中最华丽、最成熟之作品。

　　这是迄今为止已出土的唐代石椁中等级最高、体量最大、质量最重且彩绘保存最完好、内容最丰富的一具，是一件难得的唐代艺术珍品。现藏陕西历史博物馆。

白石老君像

唐代道教石刻。原置西安市临潼骊山老君殿中，系唐华清宫朝元阁内遗物，1963年移入西安碑林。白石圆雕。像高190厘米，台座高约80厘米，长153厘米，宽145厘米。此像为道教代表人物老子李耳（亦名李聃）的石雕像。老君着交领道袍，腰束博带，正襟危坐。右手腕部断裂不存，左臂残损修补，头顶部后脑勺残缺，身躯经粘接修复。台座为方形束腰式，上层雕饰番莲，略有残缺；中层束腰部分为方柱状，四面亦浮雕莲花图案；下层基座表面镌刻繁复的变形牡丹花，富丽圆润。李唐皇室以老子为始祖，尊崇道教为国教，借以维护其统治地位。高宗时，老子尊号为"太上玄元皇帝"。玄宗时尤为重视道教，特设崇玄馆博士、学生等，令习《道德经》，并以此作为考试的内容之一。唐玄宗时又在华清宫朝元阁建有老君殿，作为皇家离宫敬奉老子的地方。朝元阁老君殿中这尊老子像，被当地农民叫"玉石老君"，传系唐代西域名雕刻家元伽儿所制作。此老君像形象雍容、

白石老君像

温厚、恬静，同时又显露出庄严、肃穆的气度。特别是台座之下满雕富丽堂皇、气势饱满、布局匀称的牡丹花饰图案，刀工洗练大方，堪称盛唐一代具有代表性的艺术作品。白石老君像属国宝级文物。现藏西安碑林博物馆。

观音菩萨坐像

唐代佛教石刻。1952年西安东关景龙池废庙发现。高73厘米，宽36厘米。汉白玉质地。此菩萨头挽高髻，戴宝冠，冠前饰小化佛，袒肩露胸，身披长帛，胸挂璎珞，结跏趺坐于束腰莲座上。双臂屈于胸腹前，左手执莲蕾，右手呈护持状。双目半闭，凝神静思，神态慈祥。宝装莲花座，中间束腰，下部为圆形台座。莲台基座一周环绕壸门形装饰，其内分别浮雕有伎乐天。整件作品造型稳重大方，外表光洁莹润，雕刻技法纯熟多样，

观音菩萨坐像

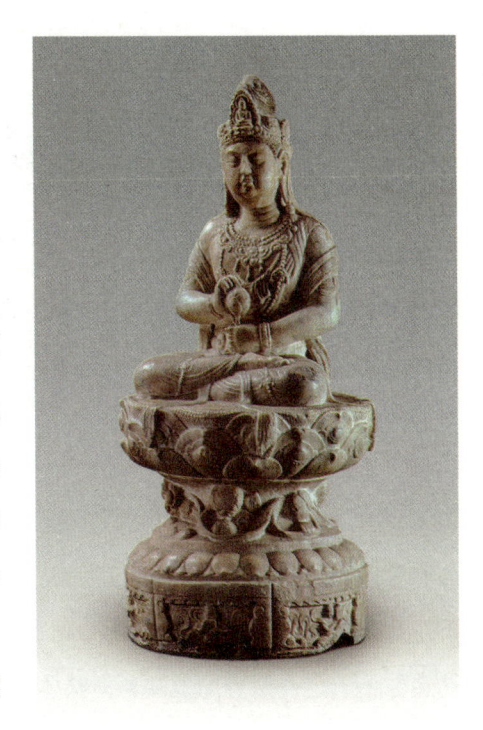

神情刻画得含蓄微妙，装饰华美，保存完好，充分体现了盛唐时期高超的艺术水准，堪称唐代菩萨造像的杰作。现藏西安碑林博物馆。

断臂菩萨立像

唐代佛教石刻。1958年西安火车站工地出土。立像残高110厘米，宽42厘米，为汉白玉菩萨立像，造型十分优美。宽肩细腰，体态丰腴，身姿略呈扭动之势。项饰联珠璎珞项链，两条帛带自左肩至腰部自然交错，胸腹袒露，下着薄裙，腹前系结裙带。制作者采用圆雕与浅浮雕相结合的技法进行创作。整个造像体态妩媚丰满，线条柔和简练流畅，具有女性优雅温柔的特征。此造像头、足及两臂均残缺，但整体造型给人以一种残缺之美。就其雕刻艺术水平来看，充分体现出唐代佛教造像高度

断臂菩萨立像

写实和形神兼备的艺术魅力，堪称唐代雕塑艺术的代表之作，有"东方维纳斯"之美誉。现藏西安碑林博物馆。

光宅寺七宝台浮雕石佛造像

唐代佛教石刻。原为唐长安光宅寺七宝台供奉。唐仪凤二年（677），长安城光宅坊发现舍利，遂立光宅寺。武则天长安三年（703），七宝台建成，因之改名七宝台寺。唐末韩建缩建长安城，光宅寺七宝台造像移入城内宝庆寺。日本学者足立喜六1906至1910年在西安调查时，宝庆寺佛殿北部的墙壁上尚镶嵌着20尊浮雕石佛像。之后不久，七宝台石佛造像从中国大量流失，今日本藏21件，美国藏4件，西安仅存10件。造像题材有十一面观音菩萨像、阿弥陀佛三尊像、弥勒三尊像、释迦三尊像、释迦五尊像等。关于七宝台的造像年代，有人

七宝台十一面观音像
（美国弗利尔美术馆）

分为贞观前期、武周长安年间和开元年间3个不同时期，有人认为皆属于武周长安年间，也有人认为分别属于始建期的长安年间和修补期的开元十二年（724）前后。七宝台是武周时期造塔造像功德风潮中代表性的佛教纪念建筑，而浮雕佛教造像，推测原镶嵌于塔身壁面供奉。对这批造像建筑配置进行的复原研究，为探讨七宝台的建筑意义和相关礼仪活动提供了重要参考。七宝台造像是中国佛教造像古典风格的代表作，对研究中国雕塑古典风格的形成具有重要意义。现藏日本东京国立博物馆、西安宝庆寺塔等处。

安国寺造像

唐代佛教石刻。1959年西安城东北隅修下水道时出土，位于唐长安城安国寺旧址。安国寺是唐代一处著名的密宗寺院。始建于唐睿宗景云元年（710），武宗灭佛运动中被毁，其后唐懿宗咸通七年（866）又重建。当年寺内屋宇雄阔，壁画众多，供奉有多尊大型石佛像和塑像。

这批密教造像共11尊，包括文殊菩萨像、降三世明王像、金刚造像、马头明王像、不动明王像、宝生佛造像、菩萨头像、残造像等。这批造像出土于距地面约10米深的圆形窖穴中，相互叠压，多有残损，很可能是在唐武宗灭佛中惨遭破坏而掩埋的。根据出土位置推测，应位于唐长安城长乐坊安国寺遗址。其造型别致，多束腰，衣纹为旋纹，流动感强，神态生动。莲花座雕饰饱满华丽，岩石座刻凿细致形象。

安国寺降三世明王像

其中降三世明王像在安国寺造像中较为独特,高75厘米,宽47厘米。造像上半部分整体向右侧倾斜,动态明显。主像呈三面八臂,愤怒状,背靠火焰纹背光。束高发,发前有冠,冠中有一小化佛坐像。袒上身,腰间系裙,右腿下垂,左腿盘,半跏趺坐于岩座上。主臂二手胸前相交,施四明印,两侧左、右手各持法器,右上手高举金刚杵,右中手持宝剑,右下手持箭矢;左上手持三叉戟,左中手持宝弓,左下手持宝绳。天衣及璎珞自肩头两侧缠绕,垂落至岩石座上。造像表情与动态配合协调,情绪表达充分,雕刻准确,手法独特,很好地表现出天界降三世明王的强大法力。这批造像种类较多,雕刻生动精美,是研究唐代密宗造像的珍贵资料。现藏西安碑林博物馆。

雁塔圣教序碑

唐代碑刻。包括《大唐三藏圣教序》与《大唐三藏圣教序记》两碑。形制规格相同，通高337.5厘米，宽86~100厘米。螭首方座，青石质。唐太宗于贞观二十二年（648）为玄奘新译佛经作《大唐三藏圣教序》，时为太子的高宗李治作《大唐三藏圣教序记》。永徽四年（653），各刻一碑，均由褚遂良楷书，立于玄奘创立的大雁塔，后人合称"雁塔圣教序碑"。《大唐三藏圣教序》碑额题隶书"大唐三藏圣教之序"，碑文从右向左楷书，凡21行，满行42字。《大唐三藏圣教序记》碑篆额"大唐三藏圣教序记"，碑文从左向右楷书，凡20行，满行40字。唐太宗在序中对玄奘西天取经功业加以赞许，并助推佛教"译布中夏"。两碑碑文两边均饰蔓草纹，上方辟佛龛，雕刻有一佛二弟子二菩萨二力士像，碑文下方雕刻有舞姿飘逸的舞乐天人。两篇碑文体现了唐朝兼容并包的宗教政策，是中外文化交流史及唐代佛教史的重要文物。

碑文书者褚遂良为初唐四家之一，其楷书既有虞世南之遒丽丰润，又有欧阳询之端严险劲，对唐代书法影响极大，后人称其书"陶铸有唐一代"。此碑在书法艺术上以唯美的风格享有"唐碑之冠"的盛誉。褚遂良书写此碑时已届56岁，其书法造诣更是达到了炉火纯青的地步。继《圣教序》碑之后，又有《同州圣教序》、《集王羲之书圣教序》与《招提寺圣教序》等碑文内容相同的碑石问世，在中国碑刻史上留下一段佳话。此碑字迹清晰如初，楷书挺拔潇洒、刚柔兼具，是褚书的代表作。现仍置于西安大雁塔底层南侧门洞的东、西两侧。

皇甫诞碑

唐代神道碑。此碑原立于西安市长安县（今长安区）鸣犊镇附近的皇甫川。螭首方座，高268厘米，宽96厘米。大致刻于贞观年间（627—649），一说武德年间（618—626）。碑文28行，满行59字，楷书，有界格。篆额"隋柱国弘义明公皇甫府君碑"，3行，行4字。碑身中部在明万历间因地震斜向断裂，下方剥落一片，损字较多，其余文字也多漫漶。皇甫诞（553—604），字元宪，安定朝那人。隋开皇中任比部、刑部二曹侍郎，后迁治书侍御史、尚书右丞，又拜并州总管司马。

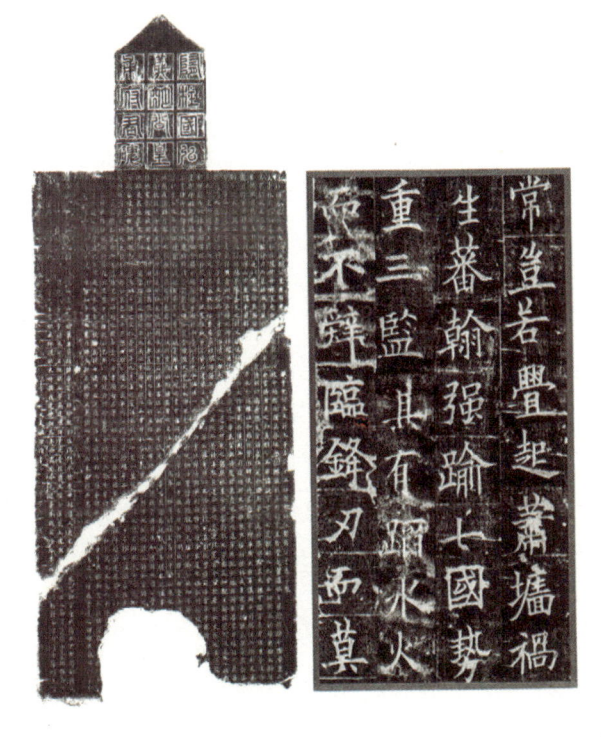

皇甫诞碑

仁寿四年（604）死于汉王谅之难，享年51岁，谥曰"明"，《北史》《隋书》有传。碑文与史书可参证互补。此碑为皇甫诞之子皇甫无逸为其父追建，颂其功德。撰者于志宁（587—665），字仲谧，京兆高陵人，太宗朝官中书侍郎，加散骑常侍，永徽时封燕国公，拜尚书左仆射、同中书门下三品，麟德二年（665）卒，享年79岁。两《唐书》有传。书者欧阳询（557—641），字信本，潭州临湘人，有书名，后人称"信本"或"率更"。武德中累擢给事中。贞观初历太子率更令、宏文馆学士，封渤海县男。两《唐书》有传。欧书取王羲之楷则，又行以隶法，晚年字形修长，笔势方而危劲整炼，人们形容他的字"森森然，如武库之矛戟"。其书以点画精细、结构端庄劲挺见称于世，历来研习楷书间架结构者，多以欧书为典范。《皇甫诞碑》结构完美，险劲精绝，方正峭劲，是学习唐楷的范本之一。因为《皇甫诞碑》椎拓甚于他碑，故字形枯瘦，然欧体神韵尤在，仍不失为碑林名碑。《皇甫诞碑》属国宝级文物。明代入藏西安碑林，现藏西安碑林博物馆。

祢军墓志

　　唐代墓志。约公元2000年前后在西安郭杜被盗掘出土。志盖呈盝顶形，长65厘米，宽63厘米，厚12厘米。盖文篆书"大唐故右威卫将军上柱国祢公墓志铭"，4行，行4字。志石方形，边长59厘米，厚10厘米。志文楷书，共31行，满行30字。刊刻于唐仪凤三年（678），是迄今发现的出现

祢军墓志

"日本"二字年代最早的石刻,不但早于开元二十年(734)日本遣唐使井真成墓志,也早于先天二年(713)的杜嗣先墓志,后者志主曾奉敕接待日本使节。2010年春,在西安市长安区郭杜发掘出土了排列有序的祢寔进、祢素士和祢仁秀祖孙三代墓葬,同属北朝以降由中原地区迁居朝鲜半岛的百济祢氏家族。其中《祢寔进墓志》此前已被盗掘出土,并于2007年公布,受到学界重视。志主推测是两《唐书》及高丽《三国史记》所载的百济将领祢植,在唐朝和新罗联军征讨百济的战争中,引领或者说胁迫义慈王降唐。2011年《祢军墓志》一经发表,即引起了中日韩三国学者的广泛关注与深入研究。祢军是祢寔进的兄长,墓葬同在京城南郊的高阳原,可能与上述墓葬位于同一墓地。祢军在韩国和日本史料中都有记载。他担任在百济故地设置的熊津都督府司马。《日本书纪》等史料中记载了祢军两度出使日本的史实。天智三年（664），在百济故地镇守的唐将刘仁愿派遣郭务悰等赴日，其中有百济佐平祢军随行。天智四年（665），唐派刘德高出使日本，右戎卫郎将、上柱国百济祢军在列。该墓志还引发了关于日本国号成立年代的激烈争鸣。一般认为，日本国号诞生于701年制定的《大宝律令》。有学者认为，此墓志的出土将日本国号的出现提前到咸亨元年（670）至仪凤三年（678）之间。该墓志内容可以与传世文献相互印证，对于研究7世纪唐与朝鲜半岛、日本的关系以及日本国号的出现年代具有十分重要的价值。现藏西安博物院。

石台孝经

　　唐代儒家经典刻石。天宝四载（745）九月刊立。碑额方形，箍于碑身之上。碑身为由4块青石围绕一方形中心石柱拼成的方柱体，其下为3层方形石台基座。通高620厘米，碑身每面宽132厘米。唐玄宗李隆基制序、作注并书写，太子李亨篆额。额题"大唐开元天宝圣文神武皇帝注孝经台"，4行，行4字。碑身前三面加末面前7行，满行55字，注用双行小字，均为隶书。碑末面后段分上、下部分：上部右半为9行，刻国子祭酒李齐古为刻碑事所上表文，楷书；左半为玄宗亲笔批答3行，行书。下部为题名4列，楷书。碑额四面浮雕卷云瑞兽，顶为山岳形。石台四周线刻缠枝牡丹、蔓草及瑞兽等图案，稍有漫漶。《孝经》是儒家重要经典之一，记载

石台孝经

孔子学生曾参与孔子问答之辞,讲孝悌之道。唐玄宗宣布以孝治天下,天宝三载(744)诏令天下家藏《孝经》一部,让子弟精读勤学,并于第二年将注释的《孝经》和序文亲自书写刻碑以刊布天下。玄宗开元年间励精图治,重振太宗雄风,开创"开元盛世"。他"英断多艺,尤知音律,善八分书"。此碑书法端庄典雅,波磔分明,给近将衰微之隶书注入新的气息,史称为唐玄宗"第一手笔",在唐代书法中占有一定地位。碑末批答为玄宗行书,有雄逸之气。此碑色如墨玉,保存完好。原立于唐长安外郭城务本坊的国子监中,唐末与《开成石经》一并移置于尚书省西隅,宋时移置今西安碑林所在地。此碑属国宝级文物。现藏西安碑林博物馆。

颜勤礼碑

唐代神道碑。唐大历十四年（779）刻。螭首方座，通高268厘米，宽92厘米，厚25厘米。首题"唐故秘书省著作郎夔州都督府长史上护军颜君神道碑"。三面刻字，碑阳19行，碑阴20行，满行38字，左侧5行，满行37字，楷书。颜真卿撰并书。此碑见于宋人金石著作，后不知所终。1922年在明清两代的陕西布政司署旧址附近（今西安西大街社会路一带）出土，后移置新城小碑林，1948年入藏西安碑林。此碑是颜真卿为其曾祖父颜勤礼所立之神道碑。碑文中对颜氏世系记载颇详，其中许多人的官职事迹可与史书互证，并能补史之阙。碑未署刻石年月，从首行颜真卿只署"曾孙鲁郡开国公"，对照其生平事迹及所历官职，故从宋欧阳修《集古录》定为大历十四年（780）。颜真卿是唐代杰出的书法家，擅长行、楷，创"颜体"

颜勤礼碑碑阴拓片

楷书，与柳公权并称"颜柳"，被称为"颜筋柳骨"。他在我国书法史上有独特成就，并对后代书法产生深远影响。此碑刻立早于《颜氏家庙碑》一年，同为颜真卿晚年的巅峰之作，已完全褪去了初唐楷法的体态。此碑结字端庄，宽润疏朗，笔力苍劲浑厚，气势雄强。因此碑长埋地下，残损椎拓少，亦无人为剔剜，所以能比较准确地体现颜书宽绰、厚重、挺拔、坚韧的风采，是颜体中不可多得的杰作。此碑属国宝级文物。现藏西安碑林博物馆。

大秦景教流行中国碑

唐代基督教碑刻。唐建中二年（781）立。螭首龟趺，高280厘米，宽99厘米。景净撰，吕秀岩书。首题"景教流行中国碑颂并序"，碑文32行，满行62字，楷书。额题"大秦景教流行中国碑"，3行，行3字，楷书。碑文首、末两行及碑下部刻有叙利亚文，两侧刻景教僧侣，叙利亚文、汉字双语署名，是纪功性质的丰碑。碑额上部三角形处刻有十字架，以莲台祥云烘托。"大秦"是唐人对东罗马帝国的称谓，"景教"是早期基督教派别"聂斯脱利派"传入中国后的自称。此碑是景教传入中国一个半世纪后，当时中国教区主教所在的长安大秦寺众僧刻立的一座纪念碑。撰文者景净为波斯人、景教高僧，据敦煌汉文景教文献《尊经》之"案语"所记，当时汉译景教经典30部均为其所译。碑文内容分三部分：其一是介绍景教的基本教义和礼拜方式。其二是宣扬景教在唐朝传教取得的成就，记述唐贞观九年（635）大秦国上德（主教）阿罗本携景教经像来到长安，唐太宗派宰相房玄龄迎于西郊，准其传教，并于贞观十二年（638）诏于长安城义宁坊建大秦寺一所，度僧21人；记述高宗、玄宗、肃宗、代宗、德宗五朝对景教的优待恩宠，以及景教在唐土的传播盛况。其三是颂赞一位名叫伊斯的景僧，曾参加平定安史之乱，任同朔方节度副使即郭子仪的副手，大秦寺之重建即伊斯捐资。

此碑明天启五年（1625）出土于西安城西大崇仁寺之南，即原唐长安义宁坊大秦寺旧址（一说周至大秦寺）。

大秦景教流行中国碑

明末在中国传教的天主教耶稣会士，将此碑作为基督教早在唐初就入传中国的物证，翻译碑文，寄回欧洲，引起西方教会和学术界高度重视，成为研究基督教在中国传布和东西文化交流的珍贵史料。清光绪三十三年（1907），丹麦人何乐谟专程来西安，仿刻此碑，并将仿刻碑运至美国，此碑于是移置西安碑林。随着与唐代景教相关的新资料，如敦煌汉文景教写本和洛阳景教经幢的发现，景教碑的研究正向着与碑文内容相关的历史学、语言学、宗教学等方面逐步深入。此碑碑文完整清晰，结体工整而不刻板，书法精美，似有初唐虞、褚之遗意。此碑属我国首批禁止出国（境）展览的国宝级文物。现藏西安碑林博物馆。

开成石经

唐代儒家经典刻石。唐大和七年（833）至开成二年（837）刻。又称"唐石经"。凡114石，228面。每石高216厘米，宽83～89厘米不等。艾居晦、陈玠等书，为楷书。原均有碑头，1938年整修，为防震加固，去掉碑头，加水泥横梁。内容包括《周易》《尚书》《毛诗》《周礼》《仪礼》《礼记》《春秋左氏传》《公羊传》《穀梁传》《孝经》《论语》《尔雅》等12种儒家经典，加上附刻张参《五经文字》和唐玄度《九经字样》，共计160卷。每面8栏，每栏行字数不等，共65万余字。大和七年，唐文宗批准郑覃校定九经、勒石太学之请，并命其主持实施。开成二年石经刻成，立于唐长安城务本坊的国子监内，为当时文人必读之书，同时也是儒家典籍抄录校对的标准。这是继《熹平石经》和《魏正始石经》之后又一套大型儒家经典刻石。它是中国古代历次刊刻石经中规模最大、内容最丰富的一部，也是迄今保存最完好的一部，对研究中国古代文化史、思想史、经学史具有重要价值。北宋元祐二年（1087），吕大忠将其及诸多唐宋碑刻徙置于当时的"府学之北墉"。北宋崇宁二年（1103），虞策又将孔庙、府学、《开成石经》及唐宋碑刻，再度迁至"府城之东南隅"，即碑林现址。《十三经》的内容博大精深，是儒家文化的精髓所在，这大概也正是历代重视刻经的一个重要原因。《开成石经》的书法颇具初唐风格，尤多取法于欧阳询笔意，清劲恭谨，是唐代经生书法的典范。此碑属国宝级文物。现藏西安碑林博物馆。

玄秘塔碑

唐代纪事碑。会昌元年（841）刻，又称《大达法师碑》。螭首方形，须弥座，通高386厘米，宽120厘米。篆额"唐故左街僧录大达法师碑铭"，3行，行4字。首题"唐故左街僧录内供奉三教谈论引驾大德安国寺上座赐紫大达法师玄秘塔碑铭并序"。正文楷书，28行，满行54字。裴休撰，柳公权书并篆额，邵建和、邵建初刻。碑侧刻蔓草纹。碑身上部在明嘉靖三十四年农历十二月（1556）关中大地震时断裂，字有残损，余尚清晰。碑文主要记述安国寺寺主大达法师出家修禅，在唐德宗、顺宗、宪宗等朝受到恩遇的事迹。撰文者裴休，文宗朝时官至宰相。此碑为唐代著名书法家柳公权60多岁时所书，点画峻拔，骨势刚健，方圆兼用，法度谨严。《玄秘塔碑》是柳公权保存至今的书法名碑，为人们学习柳体的范本。大达法师开成元年（836）卒，享年67岁，其年七月葬于长乐之南原。玄秘塔为法师舍利瘗埋之所。此碑是其弟子义均等人为纪念先师而刊立的。碑阴还刻有大中六年（852）《敕内庄宅使牒》和《比丘正言书》，是安国寺比丘正言购买万年县浐川乡陈村庄宅的官方文书，可供唐代寺院经济研究之用。此碑原应立于唐长安城东郊、玄秘塔所在的长乐南原，宋初移至文庙，为碑林早期藏石之一。《玄秘塔碑》属国宝级文物。现藏西安碑林博物馆。

观鸟捕蝉图

唐代墓葬壁画。1971年陕西乾县乾陵章怀太子墓出土。此图揭取于前室西壁南铺。高175厘米，宽180厘米。图中3位宫女，右前一人站立于树下，头梳高髻，年岁稍长，身穿黄色衣裙，双手挽绿色帔巾合抱于腹前，静立遐思。中间一年少宫女，头梳双螺髻，身着黄色圆领袍，腰系鞶囊，步履轻盈，右手上举，全神贯注，似正捕捉树干上停落的一只鸣蝉。第三个年轻宫女将红色帔巾一端托于左手，右手举起，手握发钗，似正搔头，同时仰首观望空中飞鸟。初唐时期，高等级的贵族墓中，侍女图多为单体式排列，人物相对独立，彼此间缺乏关联和呼应，大多也没有对周围环境的描绘和表现。章怀太子墓壁画中的侍女，面相已显丰腴，多以组合形式出现，人物之间彼此关联，前后呼应，并且用周围的自然环境去烘托、表现，情景交融，使人物更具情趣和活力，画面也更富有生机，这也是章怀太子墓壁画独特而成功之魅力所在。画师用形象的语言，描绘出长期禁闭于深宫中的宫女们寂寞无聊和渴望自由的心情，可谓别具匠心。该壁画属国宝级文物。现藏陕西历史博物馆。

观鸟捕蝉图

客使图

　　唐代墓葬壁画。1971年陕西乾县乾陵章怀太子墓出土。该墓在墓道东、西壁中段狩猎图(东壁)和马球图(西壁)之后，各绘有一幅客使图。此幅揭取于墓道东壁，高185厘米，宽242厘米。图中共有6人。左侧3人为唐朝官员，均着朝服，戴介帻，外加漆纱笼冠，穿大袖褒衣，白裙曳地，腰悬绶带，足蹬歧头履，手执笏板。此3人相对站立，似在商谈，一般

(东壁)客使图

认为他们是唐代中央外事管理机构鸿胪寺或礼宾院的官员，也有认为是太子左春坊的左庶子或中允等。右侧3人为外来使臣形象。前者秃顶，浓眉深目，高鼻阔嘴，身穿翻领紫袍，束带，黑靴，双手相握置于胸前，推测是东罗马帝国的使节，一种观点认为是来自波斯的使节。中间一人面庞丰圆，头戴羽冠，身穿红领宽袖白短袍，大口裤，黄皮靴，双手拱于袖中，推测为朝鲜半岛的新罗使节。最后一人头戴翻耳皮帽，身着圆领黄袍，束黑带，披灰大氅，下穿翻毛皮裤，尖头鞋，双手拱于胸前，是来自东北少数民族的使节，可能是室韦族或靺鞨族。这3人均朝向北侧的官员拱手致礼，神态恭肃。关于客使图的内容、性质，有几种观点：一种认为描绘的是中宗皇帝为雍王迁葬时，外来使节前来吊唁的场面；一种观点认为表现李贤生前任太子监国时接见外国使者、处理国家政务的情景；还有一种观点认为，客使图源自汉代画像石中的胡人画像及后来的《职贡图》，属传统题材的延续。此图对人物神韵及心理表现极其生动准确。3位唐朝官员，雍容大度，儒雅淡定，气宇轩昂。西方使者身体前倾，眉头微蹙，内心的焦急不安流露于脸上。东亚使者虽内心忐忑，但举止恭谨，表情含蓄。东、西方人内敛与外向的性格对比鲜明，刻画得十分传神，反映了唐代人物画在表现力方面达到了新的高度。此图表现的是唐朝官员接待外国客使的场景，画面构思巧妙，布局合理，笔法娴熟，人物塑造生动传神，画面色泽绚丽。客使图属国宝级文物。现藏陕西历史博物馆。

马球图

唐代墓葬壁画。1971年陕西乾县乾陵章怀太子墓出土。位于墓道西壁白虎图之后，长约9米，因画面巨大，揭取时将其分割成了5块。整幅画面包括20余位骑马人物，均戴幞头，穿窄袖长袍，脚蹬黑色高靿靴，腰间束带。其中有些人挥动鞠杖争相击球，其后10余骑手陆续跟随，有的半掩在山石之后。最后绘有5棵古树点缀旷野。图中以前面5位骑手击球的场面最为精彩。此图高225厘米，长277.5厘米。最前面的骑者在向南疾驰中做回身反手击球的动作，后面有一骑者挥杖欲抢球，还有3个骑者奔上来意欲夺球。唐代马球运动极为盛行，成为当时皇室贵族非常热衷和流行的一项竞技活动。马球是一项富有挑战性的娱乐活动，不仅与唐人喜好游猎的风气相投，而且具有军事训练的性质，因此在军中

马球图（局部）

也十分盛行。马球起源于波斯（今伊朗），后经中亚东传至中国、印度、朝鲜半岛、日本，也有人认为起源于吐蕃（今西藏）。此马球图是迄今所见最早的有关唐代马球活动的图像资料，从中可领略唐代马球运动的风貌，补充了文献记载的不足。整个画面采用俯瞰式全景描绘的方法，场面恢宏，突出表现了5位击球手驰骋奔突、争相击球的场面，衬以在旁立马观战及远处山峦间策马驰骋的人物，以及静静矗立的参天大树和嶙峋巨石，形成了动与静、远与近、大与小等对比鲜明的画面。马球图属我国第三批禁止出国（境）展览的国宝级文物。现藏陕西历史博物馆。

狩猎出行图

唐代墓葬壁画。1971年陕西乾县乾陵章怀太子墓出土。在墓道东壁青龙图之后，是高1~2米、长达8.9米的狩猎出行图。因壁画过大，揭取时将其分割成了4块。画面由40多个骑马狩猎者和2匹骆驼组成，以连绵起伏的青山和葱郁的树木为背景。前面有一身穿深蓝灰色长袍、骑高大白马的人领队，有学者认为他就是墓主人章怀太子李贤。右边有一骑者手执四旒猴旗，与其并行。后面跟随数十骑扈从，或持旒旗，或抱狗，或架鹰，或鞍后驮猎豹。扈从头戴幞头，身穿各色短袍，腰佩虎帐、豹韬及胡禄。最后有两头驮着铁锅、木柴等物的骆驼和几骑扈从殿后，路旁有5棵大树。马均经剪鬃扎尾修整，鞍鞯齐全，马鞍的后侧多有五鞘、六鞘，这可能是现存的唐代最早的六鞘的图像资料。狩猎图是汉魏壁画墓中的传统题材，唐代前期仍流行。对皇室和贵族来讲，狩猎不仅是一种游乐活动，还具有战备演习的性质，是尚武精神的表现。在墓中绘这种狩猎图像自然也是一种皇室贵戚

狩猎出行图（局部）

身份的标志。这幅壁画形象地再现了唐代皇室贵族狩猎活动的真实场景，为研究唐代狩猎活动乃至唐代贵族生活提供了宝贵资料。此图画面取材于远景式动态场景的一瞬间，动中寓静，静中有动，布局合理，疏密有致，采用散点透视及鸟瞰法，将纷纭复杂的全景准确地再现出来，实为唐代壁画中的精品，属我国首批禁止出国（境）展览的国宝级文物。现藏陕西历史博物馆。

阙楼图

　　唐代墓葬壁画。1971年陕西乾县乾陵懿德太子墓出土。此图位于墓道西壁，高305厘米、宽298厘米。其与墓道东壁的阙楼图相对应，虽均为三出阙，但形状略有不同。阙为三出形制，一侧与雉堞高耸的城墙相连，墙外是青山逶迤、绿树零落，墙内旌旗猎猎。阙是皇宫中重要的建筑，对叛臣、敌人的处罚有时在阙前进行，官吏在进入宫殿前也常常在此反省待罪，阙甚至成为皇宫的象征。三出阙是等级最高的一种建筑形制，只有皇帝的宫殿、陵墓才可使用。懿德太子李重润是唐高宗李治与武则天之孙，为唐中宗李显嫡长子，被武则天处死。神龙元年（705）李显重登帝位后，追赠故邵王李重润为懿德太子，陪葬乾陵，并给予"号墓为陵"的最高礼遇。

阙楼图（西壁）

随葬的玉哀册、壁画中的24杆列戟、三出阙、雉尾障扇等均属帝王礼仪。阙楼在唐墓壁画中不唯此例，但都是单阙或双阙，唯有懿德太子墓中的阙楼图为三重子母阙即三出阙。从画面来看，它由方形墩台、平座、屋身、庑殿形屋顶4部分组成。阙楼图绘于第一过洞南壁的建筑图前，应是宫殿门前的标志性建筑。图中阙楼的背景为沟壑纵横、气势磅礴的山脉，树木分布其间。其技法上突出的特点是线条犀利、坚实，营造出山石的突兀、挺拔，并通过颜色的浓淡变化来表现山体岩石的阴阳明暗，风格独特，体现出很高的绘画艺术水平。阙楼图属我国首批禁止出国（境）展览的国宝级文物。现藏陕西历史博物馆。

宫女图

唐代墓葬壁画。1960年陕西乾县乾陵永泰公主墓出土。此图揭取于前墓室东壁南铺，高177厘米，宽198厘米。图中共绘宫女9人。为首者梳单刀髻，上着白色窄袖襦，外套红色半臂，下穿绛色长裙，脚踩云头履，肩绕绿帔巾，双手挽巾抱于胸腹前。其后跟随的8名宫女，分别捧持盘、烛台、漆盒、团扇、高足杯、如意、拂尘、包袱等器具，服饰不同，神态各异。其中6人与为首女子着装略同，只是裙衫帔巾色彩有异，分别梳螺髻、单刀髻。另2人，一梳双螺髻，穿翻窄袖胡服，着男装；一戴黑幞头，穿圆领红袍，下穿波斯条纹裤，足穿线鞋，女扮男装。画中女装均单衣露颈，半袒胸部。画面将服侍公主宴饮、梳妆及日常起居浓缩于一个夏夜的场景之中。画家对人物的刻画,重点在宫女的面部,个个自信大方、不卑不亢;此外,也很注意人物的个性变化,表现出不同年龄、不同身份人物的仪容与性格。画面中间一持杯的少女尤为引人注目,她头梳螺髻,弯眉凤眼朱唇,面容圆润清丽,略带笑意,头部微前倾,双手轻轻托起一只玻璃杯,身体扭转呈"S"形而立,身形窈窕,恬静而优雅。这幅画在人物布局上突破了以往的平列式,描绘出宫女正面、侧面及背面的不同姿态,大大加强了画面的表现力。线条挥洒自如,飘逸流畅,着色自然典雅。这是唐墓壁画中反映女性形象最完美的一幅,实为唐墓壁画中的精品之作。宫女图属我国首批禁止出国(境)展览的国宝级文物。现藏陕西历史博物馆。

乐舞图

唐代墓葬壁画。2014 年西安市长安区郭新庄唐代宰相韩休及夫人柳氏合葬墓出土。韩休葬于开元二十八年(740),其妻柳氏于天宝七载(748)合葬。该图绘制于墓室整个东壁,高 233 厘米,宽 396 厘米。画面表现了在草木葱郁,山石零落,栽满芭蕉树、松树和竹子的庭院中,男女舞者、男部乐和女部乐同场竞技演出的场景。此图共 16 人,中间男、女舞者翩然起舞,两边乐队伴奏。左边 4 名女伎乐坐于长方形雕花方毯之上,分别弹箜篌、吹笙、击拍板、弹琴。左侧女舞者头梳倭堕髻,身穿袒胸长袖襦裙,肩披花纹帔帛,舒臂挥袖,

乐舞图

做旋转动作。右侧男舞者头戴黄巾包裹的幞头，身穿圆领长袖袍衫，腰束革带，右脚抬起，呈舞蹈状。右边长方形毯边一卷发、八字胡的胡人男子单腿跪地，左手扬起。毯子上依次跪坐6个伎乐胡人，分别弹奏箜篌、吹横笛、吹排箫、抚琴、吹筚篥、敲钹。在女部伎乐左前方，有一头戴幞头、长袍、高靴、右手持竿状物的男子形象，似为女部指挥。韩休墓乐舞图是迄今发现同类题材规模最大者，也是目前唐墓壁画中已发现男女对舞、对乐场景的唯一一幅，具有极高的史料价值。有人认为，韩休墓乐舞图系盛唐时流行的"胡部新声"。胡汉组合的乐舞图像反映了胡人乐工对唐代乐舞的繁荣发展起着极为重要的作用。该图场面宏大，描绘生动，色彩鲜艳，保存较完整，对唐代艺术和中国音乐舞蹈史的研究具有重要意义。现藏陕西历史博物馆。

山水图

唐代墓葬壁画。2014年西安市长安区郭新庄韩休及夫人柳氏合葬墓出土。韩休葬于开元二十八年（740），其妻柳氏于天宝七载（748）合葬。此图绘制于墓室北壁东侧，以朱红色绘制横长方形宽带边框，作屏风状。画面高194厘米，宽217厘米。该图采用了盛唐流行的一种山水图式——两山夹一溪的构图方式，溪水两侧绘有圆形和方形草庐各一个。远景为云彩烘托红日，远山若隐若现。山谷幽深，溪水蜿蜒，山峰耸立，红日高照，云蒸霞蔚。关于图中红日，有人认为是初晓日出，也有人认为是夕阳西下。图中绘草庐，无疑受到老庄寄情山水的影响，也受到佛家禅宗"物我两忘"意象渗

山水图

透，表现了当时流行的隐逸的主题。画面迅疾的笔法，固然与画师绘制时间不足有关，更与盛唐长安崇尚自由洒脱、不拘细枝末节的绘画风格的大背景密切相关。唐代墓葬中，最早发现的山石树木只是主题画面的陪衬。西安市长安区开元二十五年（737）贞顺皇后敬陵和陕西富平开元二十六年（738）李道坚墓皆为盛唐开元时期的墓葬，比韩休墓稍早，出土有六曲屏风山水图，皆晕染石青，李道坚墓也出现两山夹一水的构图模式。韩休墓山水图是我国目前发现的最早的独屏山水图，这与盛唐时期山水田园诗风及山水画的盛行不无关系，蕴含了贵族阶层的精神追求，是时代风尚在墓葬壁画中的具体体现。有人认为，此图在两山山脊坡脚处特别用橙黄色线涂抹，形成类似金碧山水画山脊坡脚用金线装饰的效果，可视为金碧山水的早期形态。唐韩休墓山水图画面独立，尺寸较大，在考古与美术史研究方面具有重要的意义。现藏陕西历史博物馆。

印本陀罗尼经咒

唐代佛教印刷品。1975年西安冶金机械厂唐墓出土汉文印本陀罗尼经咒一张，出土时装在一个长5～6厘米的小铜盒中。出土时黏结成团状，后经揭裱。印本为方形，边长35厘米，略有残缺。印本可分作三部分：人物绘像居于中心长方框内，环绕四周的是经咒印文，最外四边则是印制的各式手印。正中长方框宽4.6厘米，高5.3厘米。内画二人像，一站立，一跪跽。像用淡墨勾描，内填以淡彩。站者披发于肩，圆颊丰颐，面含微笑，面颊用淡红色晕染；身着淡蓝色长袍，前襟敞开，后襟曳地；下着淡红色长裙，左足跣露，右足遮于裙下。跪者头部及上半身残损，上着淡红色上衣，下着淡绿色长裙，右跪左跽，左足跣露。长方形框外四周，则环以经咒印文。每边各18行，行际有墨线相间。咒文外围双线边框，边框长29厘米。边框外的3厘米宽边上，则印有一周佛手印契，每边各有手印12种。经咒印文是用汉字音译的，咒文环读。在印本中心长方框所绘人像右侧，是经咒的名目，题为《佛说随求即得大自在陀罗尼神咒经》。印本纸色微黄，上染铜锈色。

目前已知最早的雕版印刷实物，是韩国庆州佛国寺释迦塔出土的《无垢净光大陀罗尼经》，年代下限不晚于706年。此外，敦煌石窟发现的唐咸通九年（868）王玠刊印的《金刚般若波罗蜜经》，显示出雕版艺术已达圆熟的境界。此类经咒属于佛教密宗系统。广泛佩带经咒到中、晚唐时才形成风气。印刷术的发明，是中国对人类文明发展史上最伟大的贡献之一。此件印本经咒为探索陀罗尼经的流行及雕版印刷的发展提供了重要的实证。现藏西安博物院。

宋金元明清

青釉刻花提梁倒流壶

　　五代至北宋初年生活用瓷。1968年陕西彬县出土。高18.5厘米，腹径14.3厘米，足径8.7厘米。壶身浑圆，上有提梁，一侧有流，下带圈足，但无口、无盖。提梁与双蒂式的象形壶盖一起装饰成一枝俯首的荷莲。提梁顶端雕饰一只长羽凤鸟，圆眼利喙，凤冠飘拂，颇有气势。壶嘴贴塑一对母子狮，母狮张口作流，神态凶猛；幼狮趴伏于母狮腹下吸吮乳汁，憨拙可爱。壶的腹部减地满刻华丽的缠枝牡丹花，下饰一周莲瓣纹。在壶的底部中心有一梅花形小孔，灌水时须将壶倒置注入，当有水自壶嘴流出时即注满，因壶内有漏柱与水相隔，壶放正时，底虽有孔而不漏，即倒灌

青釉刻花提梁倒流壶

正流。经实测，壶内容量910毫升。壶通体施青釉，略泛灰，光泽莹润。胎质坚细，色灰白。整个器物综合运用了刻、划、剔、贴塑等装饰技法制成。耀州窑位于今陕西铜川黄堡镇一带，宋时属耀州管辖，故得名。耀州窑以烧制青瓷著名，装饰技法以刻花、印花为主，尤以刻花最负盛名，并形成了一个与越窑面貌、风格有别的北方青瓷窑系。耀州窑青瓷刻花工艺线条流畅，刀锋犀利洒脱，质朴率真，热情奔放，展示了黄土高原鲜明的地域风格，所留下的一些精品至今仍使我们赞叹不已。倒流壶是始于宋、辽时期，流行于清代的壶式之一。此器过去一度被认为是北宋器物，但综合其造型、釉色、工艺等方面来看，或可早至五代。倒流壶奇特的构造，巧妙的内部设计，充分体现了古代能工巧匠的智慧和创造力，是我国陶瓷艺术中的一朵奇葩。这件提梁倒流壶的造型、结构新颖奇特，纹饰繁富华丽，集实用性和艺术性为一体，充分展示了古代瓷工匠心独具的设计和高超的工艺水平。该壶是耀瓷中至精至美的瑰宝，属我国第三批禁止出国（境）展览的国宝级文物。现藏陕西历史博物馆。

白釉黑花美人枕

金代生活用瓷。1983年陕西黄陵县黄帝陵附近金代墓葬出土。高20厘米，长46厘米，宽12厘米。瓷枕为一女子屈膝左侧卧状，头扎两小辫，左臂枕于头下，双腿弯曲，其腰身圆曲微下凹，成为枕面，下为平底。棕褐胎，坚硬细腻。脸、

白釉黑花美人枕

腿等躯体部分施白釉，釉色白中泛黄，用黑彩表现眉眼等细部。衣衫施棕黄釉，光亮明丽，用釉下黑彩和白色化妆土绘折枝花，黑色领缘，上饰白色珍珠纹，色彩对比鲜明。枕底墨书"大定十六年五月"7字，因之此枕成为可靠的断代标准器。其造型与釉彩风格，符合山西长治窑产品特征；也有学者认为属河南禹州扒村窑烧造。陶瓷枕是我国古代夏令避暑用品，也是雅俗共赏的工艺品。白地黑花又称白釉釉下黑彩，它是在成型的坯胎上敷一层洁白的化妆土，然后用毛笔蘸黑料绘画，再施一层薄而透明的玻璃釉入窑烧制而成。这种工艺将中国传统绘画艺术与制瓷工艺有机结合，纹饰呈现出强烈的黑白对比效果，散发出浓郁的民俗风情。此枕造型优美，制作精湛，装饰质朴清新，是一件不可多得的富有生活情趣的珍品。现藏陕西历史博物馆。

交钞铜板

金代纸币印刷雕版。1965年西安附近出土。竖长方形，长21厘米，宽11厘米，厚1厘米。正面四周有莲花和莲叶纹围成的边栏，版头有"壹拾贯"3个字。边栏外铸一行文字："每纸工墨钱八文足，纳旧换新减半。"边栏内分上、下两部分。上部左格有"伪造交钞者斩"，右格有"告捕者赏钱三百贯文"字样。下栏文字共7行，记录有该钞的流通地区、兑换现钱机构及发行官署主管的签押等。北宋前期，随着商品经济的进一步发展和繁荣，四川地区出现了中国乃至世界上最早的纸币"交子"，也称"钱引"。金代仿效宋朝，贞元年间开始发行纸币，称作"交钞"，成为金代重要的货币。金代纸币"交钞"通行达80年之久，然而目前尚无实物发现。这件交钞铜板是金代印刷纸币的雕版，为中国古代货币制度的研究提供了极其珍贵的实物资料。现藏陕西历史博物馆。

青花八仙人物匜

元代生活用瓷。2011年西安曲江新开门村张达夫墓出土。高5厘米，口径14厘米，底径9.8厘米。敞口，方唇，浅圆腹，平底内凹，一侧有流，内壁满釉，口、底无釉，露胎处见火石红。外壁绘变体仰莲瓣纹，内壁绘卷草纹。匜心描绘一位戴幞帽、穿长袍、系腰带、蹬高靴、怀抱伞状物的男子。左前侧立一

青花八仙人物匜

仙鹤,内底边为一株环绕着人、鹤的梅树,周围点缀山石花草。中国古代与梅、鹤相关的故事主要有"梅妻鹤子"和"赵汴入蜀"。主题人物身着官服,与"八仙"中曹国舅的特征相符;而匜中描绘的场景,则与"一琴一鹤、匹马入蜀"的宋代"铁面御史"赵汴相一致;也有学者认为此人物为"八仙"中的蓝采和。匜为沃盥的水器,盛行于春秋,战国以后转为实用器,以金、银、瓷、铜为主。元代出现流下附卷云系的匜,可能模仿了伊斯兰文化的金属器。瓷匜品种有青花、釉里红、青白釉、青釉、青釉褐彩等,纹样有一把莲纹、芦雁纹、兔纹、双凤纹等。该匜与碗、盘、台盏、玉壶春瓶等同出，似为配套用具。它是目前最新发现的人物故事图纪年（至元五年，1339）元青花瓷，为青花的发展和纹饰研究提供了可靠材料。现藏西安市文物保护考古研究院。

盛懋《春山访友图》

元代立幅绢本设色山水画。纵179厘米，横116厘米。作者盛懋，字子昭，祖籍浙江临安（今杭州），后寓居嘉兴武塘镇。生卒不详，大致生活在元后期，至正年间享盛名，曾与"元四家"之一的吴镇"比门而居"。盛懋承家学，其家世代为画工，擅画山水、人物、花鸟。用笔精劲，布局邃密，画史有"精绝有余，特过于巧"之评。早年画学陈琳，后宗赵孟頫。作品受元代文人画家的影响，且技艺高超，与士大夫阶层的审美情趣颇相符合。此图表现了深山峡谷中文人隐士论道、会友的主题。近景坡地绿草如茵，青松劲挺，林木茂盛。幽林中数间房舍，中有二文人相对而坐。河边艄公撑船到岸，有主仆二人下船，向亭榭而来，似为文人应约访友。画面左前方一片坡石，数间房舍掩映于山下丛林之中，有隐士居中怡然而坐，似在欣赏两岸风光，旁有二童子侍从。中景三峰耸峙，林木葱郁。左侧朱红色寺观楼阁依山而建，若隐若现，一隐者与侍童携琴顺山而下。右侧小桥旁两农夫背渔网涉水而过。远景群山起伏，隐现于缥缈的云气之中，迷离奇幻。文人对隐逸生活的渴望，跃于画端。整个山水为小

《春山访友图》

青绿设色，用笔灵活，多用披麻皴法，山石平坡，疏淡渐远，无不精细勾绘。树木、草卉用笔考究，楼台房舍结构清晰准确。画面下半部分，与台北故宫藏盛懋《溪山清夏图》构图极为相似。画面左下角有题款"武唐盛懋制"，下钤盖"子昭"

朱文印。画作既有宋人构图饱满、势状雄伟的全景山水遗风，又有元人笔法淡雅、设色温润的书卷韵致。现藏西安博物院。

描金孔雀牡丹纹执壶

明代生活用瓷。1959年陕西铜川耀县寺沟出土。通高29厘米，口径5.9厘米，足径8.8厘米。壶为喇叭口，有盖，细长颈，溜肩扁腹，长流，曲柄，高圈足。盖顶隆起，上有纽并雕成一蹲坐的小兽，回首眺望。颈与腹连接一细长曲柄，柄顶端有小环，可穿绳系盖。与其相对一侧有细长流，流上端和壶颈之间以"S"形饰件相连。通体施酱釉后描金彩，纹饰繁复华丽。壶盖以兽纽为中心，四周饰团花。颈部饰一周蕉叶纹，颈下部饰如意莲纹。腹部前后为桃形开光，内绘牡丹一株，花繁叶茂，中有一只孔雀踞立枝头，回首眺望。开光外以缠枝莲花环绕，繁而有序。圈足、流、柄部也都饰以花卉纹。底有青花书"富贵佳器"四字铭款。器内及圈足内

描金孔雀牡丹纹执壶

底施青白釉。胎呈青灰，略显疏松。明嘉靖后执壶演变为长颈、扁腹、高圈足外撇。明代景德镇窑烧制的酱色釉色泽分浓、淡两种，嘉靖时酱釉描金的装饰方法十分出色。这件执壶造型挺拔匀称，纹饰构图疏密有致，再配以金彩，更显雍容华贵和富丽堂皇。据此壶的造型、工艺等特点看，应是明嘉靖前后景德镇民窑生产的佳作。现藏陕西历史博物馆。

幻方铁板

元代数字魔方。1957年西安市东郊元代安西王府遗址出土。共出土5块，形制相同。正方形，边长14厘米，厚1.5厘米。幻方又名方阵，也叫纵横图。其特点是将几个数字排列成方阵，纵行、横行和对角斜线上数字总和相等。此幻方

幻方铁板

为六六方阵，纵横都是 6 个古阿拉伯数字，纵、横、斜行总和都是 111。我们今天所说的阿拉伯数字，实际是印度数字，它经阿拉伯地区而得以广泛传播，因此被称为阿拉伯数字。古代阿拉伯人相信幻方具有保护生命和医治疾病的神秘力量。该幻方出土时盛于石函，埋在房基下，应是作辟邪消灾之用。此幻方铁板是中国数学史上迄今所见应用古阿拉伯数字最早的实物。现藏陕西历史博物馆。

沈周《水邨图》

明代绘画作品。纵 38 厘米，横 430 厘米。纸本。沈周（1427—1509），字启南，号石田，晚号白石翁，明江苏长洲（今苏州虎丘区）人，擅长画山水。40 岁前多作盈尺小画，之后始托为大幅。"笔墨坚实豪放。虽草草点缀，而意已足"，形成放肆恣意的风格。亦作细笔，于谨密中透露出浑厚气势，时人称为"细沈"。誉满明中期画坛，唐寅、

文徵明等人皆出于沈周门下。后人把沈周、文徵明、唐寅、仇英合称"明四家"。《水邨图》系作者晚年炉火纯青的鸿篇巨作，属"细沈"类。此画自右向左，画面可分为4段。第一段：画家用淡墨虚笔描绘出烟波浩渺的湖水，一叶扁舟上，一朱衣雅士乘舟，船尾艄公躬身摆渡，人物动态皆生动准确。第二段：岸上为一处隐士茅舍，主人正襟危坐呈思索状，侍童倚门远眺，若在等待，环院四周山石起伏跌宕、林木葱茏而错落有致。第三段：山势高耸，层峦叠嶂，变化莫测。这一段是画面最绵密的一段，可谓密不透风，集中展示了画家的技法和艺术才华。第四段：山低坡缓，林木稀疏，呈现出疏密有致的效果，山中开阔的地面上，一老一壮两位士人缓缓向山庄走去。横观整卷，画面4个段落有分有合、有水有山、有居有路，全景式地构成了一幅赏心悦目的隐士山居图。现藏西安博物院。

《水邨图》（局部）

五彩饕餮纹方鼎

明代陈设用瓷。1973年陕西绥德一处清墓出土。通高23厘米，口长径15.9厘米，口短径12.8厘米。鼎身长方形，平沿方唇，口沿两侧竖双耳，下有四圆柱形足。鼎腹四角及每面正中均有一道扉棱，扉棱两侧绘饕餮纹，通身纹饰华丽。白釉泛青，腹部由釉下青花与釉上五彩构成饕餮纹主体图案。青花轮廓线内填以黄、绿、红等彩料，色泽纯正。腹底有青花字款，文字不辨。五彩，是在已烧成的瓷器釉面上再次彩绘图案，以770℃～800℃的低温二次烧成，属釉上彩。五彩基本色调以红、黄、绿、蓝、紫为主，是景德镇窑在宋、元时期的釉上加彩基础上发展起来的。嘉靖、万历时期，五彩瓷盛极一时，色泽纯正，绚烂陆离，以红浓绿艳取胜，有的加饰釉下青花，也称作青花五彩。此器出土于清代马如龙夫妇合葬墓中，马如龙生前曾任户部江西司员外郎、江西巡抚等职，卒于康熙四十年

五彩饕餮纹方鼎

（1701），归葬陕西绥德故里。这件瓷方鼎无疑是墓主生前享用、死后陪葬的珍爱之物。这件五彩方鼎制作规整，造型优美，纹饰布局严谨，线条流畅自如，色调对比鲜明，显得凝重而华丽，是明代景德镇窑少见的珍品。现藏陕西历史博物馆。

王弘撰《行书集陶七首卷》

清代书法作品。绢本，纵49.2厘米，横107厘米。书者王弘撰（1622—1702），陕西华阴人，字文修，一字无异，号太华山史，人称山史先生。他是明清之际关中地区的著名学者，顾炎武称他为"关中声气之领袖"。王弘撰一生酷嗜金石、书法和绘画，勤于书法创作，与书画家、收藏家来往密切，切磋艺术，且有《砥斋题跋》传世，保存了不少金石书画的研究成果和艺术史料。这幅作品是王弘撰78岁时所书，时在清康熙三十八年（1699），钤印"山史""王弘撰印"。

《行书集陶七首卷》（局部）

盛斯唐，字集陶，安徽桐城人，是明朝进士盛世翼的孙子。清初寓居南京，常以诗与林古度、钱谦益唱和。作品将盛斯唐的七首诗作《酬顾亭林》《酬王复斋》《归田舍刘太室至》《寻徐俟斋涧上》《竺坞作赠又南云》《怀吕晚村》《赠李文中》以行书书写，寄托、表达了作者的情怀和气节。作品首尾气韵贯通，线条苍劲，为王弘撰最重要的代表作。现藏西安博物院。

后记

一件文物宛如一部凝固的乐章，106件西安精粹文物仿佛组成一曲恢宏的交响乐，演绎出西安、陕西乃至中国历史长河的源远流长、波澜壮阔、奔腾不息。

西安是中华文明肇始的中心地区。浐河东岸的半坡遗址和骊山脚下的姜寨遗址是我国黄河中游新石器时代仰韶文化最典型的聚落遗址，距今已有6000多年。半坡人和姜寨人制作的彩陶代表了新石器时代彩陶艺术的丰盛繁华，神秘的人面鱼纹彩陶盆，拙美的鸟鱼纹彩陶葫芦瓶，无一不是先民创造的灿烂文化的结晶。貌似平淡无奇的刻符陶钵实为中国古代文字的滥觞，闪现出中华文明的曙光。新石器时代揭开了古中国辉煌而又独特的玉文化序幕，玉人头像是石峁遗址出土的一件重要文物，关于玉人的族属、玉石的产地，今人仍在苦苦追索。

西安东郊的老牛坡遗址可以算作商王朝在西部疆域最大的"根据地"。一件出自老牛坡遗址的玉戈，光素莹润，开启了这段尘封的历史。凤柱斝古朴、灵动的造型让人领略到商代高度发达的青铜文明遗韵。

西周的丰、镐二京是西安地区历史上第一次出现的全国性都城，这里也是十三朝古都的辉煌起点。五祀卫鼎、多友鼎、利簋、永盂、柞钟等青铜重器不仅是彼时代青铜工艺的杰出代表，也留下了当时武王征商等重大历史事件的珍贵记录，体现出西周钟鼎礼乐的文化面貌。

从秦公大墓石磬到相家巷秦封泥,从秦咸阳城龙纹空心砖到秦始皇陵铜车马,透过这些令人惊叹的考古发现和出土文物,遥想当年秦以西北一隅之地崛起,建都雍城,又迁都咸阳,囊括四海,吞并八荒,开创万世基业的壮举。

西汉立都长安,得名源自秦咸阳的一个乡,寓意长治久安。书中精选的此期文物大多与皇家有关,不仅有御用的鎏金银竹节熏炉,还有皇家陵园的茂陵石刻,也有遗落民间的鎏金铜蚕,均代表了当时工艺的最高成就。汉代社会经济的繁荣、对外交往的加强从中可见一斑,显现出开拓进取的大汉雄风。

魏晋南北朝时期经历了长久的分裂和战乱,然而长安佛教造像艺术的繁荣、粟特人石椁雕刻的精美为这一沉寂时期增添了熠熠生辉的亮点。

隋唐长安物华天宝,被誉为物质文明闪烁之都,也是万方辐辏的国际大都会。唐三彩、瓷器、玉器、金银器工艺超群,造像、石雕精品迭出,体现书法、绘画杰出成就的碑刻、壁画堪称全国之最,雍容华贵的盛唐气象令人不胜陶醉。

唐代以后,西安不再作为国都。透过这一时期精美的文物字画,可以触摸到西安作为西北重镇的独特魅力,依稀感受到古都丰厚的文化底蕴。

张全民
丁酉霜月于安仁坊荐福寺祇室斋